ALTDEUTSCHE TEXTBIBLIOTHEK

Begründet von Hermann Paul
Fortgeführt von Georg Baesecke und Hugo Kuhn
Herausgegeben von Burghart Wachinger

Nr. 114

Das Nibelungenlied nach der Handschrift n

Hs. 4257 der Hessischen Landes- und Hochschulbibliothek Darmstadt

Herausgegeben von Jürgen Vorderstemann

MAX NIEMEYER VERLAG TÜBINGEN
2000

Gedruckt mit Unterstützung des Förderungs- und Beihilfefonds Wissenschaft der VG Wort.

Die Deutsche Bibliothek – CIP-Einheitsaufnahme

Das Nibelungenlied nach der Handschrift n: Hs. 4257 der Hessischen Landes- u. Hochschulbibliothek Darmstadt / hrsg. von Jürgen Vorderstemann. – Tübingen: Niemeyer 2000 (Altdeutsche Textbibliothek; Nr. 114), Einheitssacht.: Nibelungenlied

ISBN 3-484-21214-4 geb. Ausgabe
ISBN 3-484-20214-9 kart. Ausgabe
ISSN 0342-6661

Gedruckt auf alterungsbeständigem Papier.
Printed in Germany.

Satz: pagina GmbH, Tübingen
Druck: AZ Druck und Datentechnik GmbH, Kempten
Einband: Heinr. Koch, Tübingen

Inhaltsverzeichnis

Vorwort VII

Einleitung IX

Literatur in Auswahl XXX

Text 1

Anmerkungen zu einzelnen Textstellen 139

Anlagen

Der Strophenbestand der Handschrift n im Verhältnis zur Gesamtüberlieferung 144

Übersicht über die in der Handschrift n vorgesehene Initialengliederung im Vergleich mit den Aventiuren-Anfängen und Initialen in A, B und C anhand der Parallel-Ausgabe von Batts 148

Zusatzstrophen von b nach der Ausgabe von Batts, Anh. II, S. 795f. zum Vergleich mit Str. 162–178 der Handschrift n. 150

Namenverzeichnis 154

Vorwort

Die Arbeit an dieser Ausgabe hat – mit vielen Unterbrechungen – lange gewährt. Für Ermutigung und vielfältige Unterstützung danke ich ganz besonders dem Herausgeber der Reihe, Herrn Prof. Dr. Burghart Wachinger, für hilfreiche Gespräche und Korrespondenzen zur sprachlichen Einordnung Herrn Prof. Dr. Kurt Gärtner, für paläographische Auskunft Frau Dr. Karin Schneider. Herrn Prof. Dr. Peter Göhler bin ich für den Austausch unserer jeweiligen Arbeitsergebnisse verpflichtet. Frau Alwine Slenczka, Tübingen, war so freundlich, den Text der Edition noch einmal am Mikrofilm der Handschrift zu überprüfen. Der Hessischen Landes- und Hochschulbibliothek Darmstadt gilt mein Dank für die Erlaubnis zur Veröffentlichung, besonders ihrem inzwischen im Ruhestand befindlichen Handschriftenbibliothekar Dr. Kurt Hans Staub bin ich sehr verbunden. Der VG Wort danke ich für einen Druckkostenzuschuß.

Einleitung

Im Jahre 1975 entdeckte ich in der Hessischen Landes- und Hochschulbibliothek Darmstadt aufgrund einer internen Notiz in der damals noch unbearbeiteten Fideikommissbibliothek der Freiherren von Closen-Günderrode aus Höchst an der Nidder die Nibelungenliedhandschrift n, die jetzt die Bibliothekssignatur Hs. 4257 (olim Günderrode 3740) trägt, und veröffentlichte den Fundbericht 1976.[1] Um 1980 entdeckten G. Kornrumpf und ich[2] unabhängig voneinander, daß die einzige Handschrift von ›Alpharts Tod‹ (Staatsbibliothek zu Berlin – Preußischer Kulturbesitz Ms. Germ. Fol. 856) mit Nibelungenlied n zusammengehört, und 1985 fand sich, wieder in der Günderrode-Bibliothek (olim 3739), eine auch noch zugehörige Fassung des ›Wilhelm von Österreich‹ von Johann von Würzburg (II) mit einer Prosaauflösung des zweiten Teils (jetzt Hs. 4314).[3]

Zum Äußeren der Handschrift

Die Untersuchung von Staub/Weimann-Hilberg weist nach, daß über ihr gleiches Äußeres hinaus (Maße: 27,7 x 20,7 cm, Pappbände des 18. Jahrhunderts, überzogen mit braunem Kleisterpapier) die drei Handschriften auch in den Wasserzeichen zueinander stimmen. Augenfällig sind auch die gleichartigen Titelbeschriftungen und Leserspuren (Unterstreichungen mit rotem Farbstift und Randglossen).[4] Alle drei Handschrif-

[1] Lit.verz. II/1.

[2] G. Kornrumpf, Lit.verz. II/3, S. 334 Anm. 7; Staub/Weimann-Hilberg Lit.verz. II/4.

[3] Beschreibung der genannten Darmstädter Handschriften in Lit.-verz. II/5, S. 161–162.

[4] Die selben Merkmale zeigen die Inkunabel (Inc.IV/607 = Günder-

ten in einer kräftigen Bastarda stammen vom selben Schreiber, der sich fol. 62v des Nibelungenliedes als Johann Lang nennt. Eine Auszierung mit 2–4zeiligen Initialen (Nibelungenlied 3–4zeilig) war vorgesehen, es blieb jedoch allgemein bei den Angaben der Repräsentanten in den Aussparungen. Ursprünglich waren die drei Texte in einem Codex zusammengefaßt.

Obwohl der Schreiber sich mit Namen[5] *(von Johanin Langen)* und dem Datum der Fertigstellung verewigt hat (*am samstag in der fasten am palmobend* des Jahres 1449), ist die Datierung der Handschriften ein Problem, denn nach dem allerdings nicht eindeutigen Befund der Wasserzeichen – sie sind nur »ähnlich« zu entsprechenden Nachweisen – müßte sie zwischen 1470 und 1480 geschrieben sein. Der Widerspruch ist kaum aufzulösen; allerdings will mir nicht einleuchten, warum im Falle einer späteren Abschrift der Fassung von 1449 ein Schreiber Johann Langs Kolophon einschließlich *rectum*-Vermerk mitkopiert hat, mit dem er sich ja nicht identifizieren konnte.[6] Bis auf weiteres möchte ich daher an der Datierung auf 1449 festhalten. Wenn aber die Datierung nach den Wasserzeichen stimmen sollte, wäre n wie k zu einer Zeit geschrieben worden, wo man sie auch schon hätte drucken können.

---

rode 3756), Johann Mentelins Straßburger Druck des ›Parzival‹ und des ›Jüngeren Titurel‹ (Hain 6684 und 6683). Der Bestand an literarischen Denkmälern des späten Mittelalters in dieser Bibliothek ist also nicht zufällig, sondern geht auf einen interessierten Leser und Sammler zurück.

[5] Eine nähere Identifizierung ist bislang ebensowenig gelungen wie für die von P. J. Becker, Lit.verz. III/1, S. 185f. genannten, vermutlich bürgerlichen Schreiber des 15. Jahrhunderts.

[6] Der paläographische Befund spricht nach einem Gutachten von Karin Schneider vom 1.12.1998 für die Zeit um 1450, allerdings sei eine Entstehung bis zu 20 Jahre später noch denkbar. Für die Übernahme eines Kolophons mit Datierung gebe es allerdings Beispiele. Unserem Kopisten müßte man hierbei jedoch größere Gedankenlosigkeit unterstellen als sie die Handschrift verrät.

Das Nibelungenlied n ist einspaltig in einer kräftigen Bastarda auf 53 Papierblättern (27,7 x 20,7 cm) geschrieben und nicht in Aventiuren oder durch Überschriften, sondern durch Absätze und (nicht ausgeführte) Initialen gegliedert. Die Strophengliederung ist vom Schriftbild her nicht erkennbar, wohl aber der Vers, dem jeweils eine Zeile entspricht. Damit entspricht sie keinem der drei Einrichtungstypen, die Bumke für die Texteinrichtung des Nibelungenliedes unterscheidet.[7] Die Handschrift hat einen Schriftspiegel von 20,2 x 14 cm und schwankt zwischen 27 und 31 Zeilen pro Seite. Einzige Schmuckelemente sind gelegentlich über die Zeile nach oben herausgehende Zierstriche und -haken zu Anfang einer Seite (z. B. fol. 4^r) bzw. bei der einer vorgesehenen Schmuckinitiale folgenden Majuskel (vgl. ebenfalls fol. 4^r). Die Scheidung von Majuskeln und Minuskeln ist schwierig, da ihre Bildung oft identisch ist. Der Zeilenanfang wird jeweils von einer Majuskel eröffnet. Noch aus dem 15. Jahrhundert stammt die alte Blattzählung 1–7, 12–28, 30–62; für die Fehlstellen wurden im 18. Jahrhundert leere Blätter eingefügt und bei der Vergabe eines handschriftlichen Titels auf dem Vorsatzblatt nicht ganz richtig mit vermerkt: *Brünhild Gemahlin Siegeberti/Königs zu Frankreich, ein listiges / böss und grimmiges Weib. / Von / Johann Langen de an 1349* [statt 1449] */ not. fehlen das 4. 9. 10. 11te u. 30te Blat.*

Das Nibelungenlied n als Teil einer Sammelhandschrift

Staub/Weimann-Hilberg haben die Frage der Abfolge der drei Handschriften gelöst. Nach Rekonstruktion der Lagen mit Hilfe der Wasserzeichen stand ›Alpharts Tod‹ vor dem Nibelungenlied, auf das ›Wilhelm von Österreich‹ folgte.[8] Der ur-

[7] Bumke, Lit.verz. III/7, S. 217f.: 1. Weder Strophen noch Verse abgesetzt, 2. Strophen abgesetzt, Verse nicht. 3. Strophen und Verse abgesetzt. Die Handschriften des 15./16. Jh.s gehören sonst zu Typ 1 (ad) oder 3 (bghik). Verwandte Handschriften stimmen im Erscheinungstyp überein.

[8] Die komplizierte Lagenformel s. Staub/Weimann-Hilberg, Lit.verz. II/4, S. 266–268.

sprüngliche Codex hätte nach den erhaltenen Teilen eine Stärke von knapp 200 Blättern gehabt, wobei wir noch nicht wissen, ob er nicht noch weitere Texte enthalten hat.

Der ursprüngliche Codex hat mit dem Heldenbuch des Lienhard Scheubel (Nibelungenliedhandschrift k) und mit der Ambraser Handschrift (d) gemeinsam, daß er Dietrichepik mitüberliefert. Bumke[9] hält diese Verbindung mit der bereits im 14. Jahrhundert reich bezeugten Dietrichepik auch in der Schlußphase der handschriftlichen Überlieferung durch d und k noch für auffällig. Angesichts von n als dritter Handschrift in dieser Zusammensetzung gewinnt dieses Phänomen für die Spätzeit an Normalität. Unsere Handschrift n ist in ihrem uns bekannten Inhalt (Heldenepik und höfischer Roman) am ehesten mit der Ambraser Handschrift vergleichbar. Die ›Klage‹, die man direkt im Anschluß an das Nibelungenlied erwarten müßte, kann der Codex, wie übrigens auch die beiden anderen *liet*-Handschriften, kaum enthalten haben, denn der Lagenuntersuchung zufolge schloß der ›Wilhelm von Österreich‹ direkt an.[10] Aus den Zusatzstrophen k 2127–2129 schloß Bumke, daß der k-Redaktor die ›Klage‹ gekannt haben müsse und sie demnach in seiner Textvorlage enthalten gewesen sein müsse.[11] Entsprechendes läßt sich aufgrund der Pilgrim-Str. 808 für n folgern.

Von ›Alpharts Tod‹ liegt eine neuere Edition mit einigen Abbildungen vor,[12] Abbildungen aus dem Nibelungenlied n sind bislang in zwei Veröffentlichungen greifbar.[13]

---

[9] Bumke, Lit.verz. III/7, S. 213.
[10] Göhler, Lit.verz. III/14, S. 74 Anm. 26.
[11] Bumke, Lit.verz. III/7, S. 257 Anm. 1.
[12] U. Zimmer, Lit.verz. I/11.
[13] J. Vorderstemann, Lit.verz. II/2 (fol. 24^{v}–25^{v}); H.-F. Rosenfeld, Lit.verz. II/6 (fol. 35^{r}–35^{v}, unter Tilgung der Benutzerspuren).

Sprache und Metrik der Handschrift

Bislang wurde die Sprache der Handschrift eher großflächig eingeordnet: Könneckes Bilderatlas[14] ordnet ›Alpharts Tod‹ als nordelsässisch ein, Zimmer[15] als westmitteldeutsch ein; ich selber bestimmte die Sprache 1976 als rheinfränkisch. Zimmers ausführliche Beschreibung der sprachlichen Eigenheiten von ›Alpharts Tod‹ lassen sich auf den Text von Nibelungenlied n im großen und ganzen übertragen. Ergänzende Erkenntnisse, die ich u. a. aus Vergleichen mit Zeugnissen der Zeit und des Raumes unter Einschluß der Urkundensprache gewonnen habe, lassen mich heute vermuten, daß der Codex in Hessen nicht weit vom Ort ihrer Auffindung entstanden ist, möglicherweise in der Wetterau, einem Überschneidungsgebiet, in dem osthessisch-thüringische Formen noch präsent sind, aber gleichzeitig die Einflüsse des Frankfurter und Mainzer Raumes spürbar werden.

Auffällige Merkmale sind im Vokalismus bei den Kurzvokalen die Wiedergabe von *a* auch als *e* und *i/y*, der Wechsel zwischen e und i/y, die Wiedergabe des *i* auch noch als *o* und *u*, häufig auch die des *o* als *a*, die Senkung von *u* zu *o*. Bei den Langvokalen steht für *a* häufiger *o*, vereinzelt auch *au* und abgeschwächt *e*. Für *o* finden sich auch *a* oder *u*. Nhd. Diphthongierungen kommen nicht in nennenswertem Umfang vor, hingegen wird der Diphthong *ie* gern monophthongiert. Dehnungs-*i* oder -*e* treten vereinzelt auf. Besonders auffällig ist die Vorliebe für ein epithetisches *e*, auch wo es den Reim stört.

Im Konsonantismus gibt es Schwankungen im Anlaut der Dentale *d, th, t.* Anlautendes *j* wird gelegenlich auch als *g* wiedergegeben. Für *r* sind die Möglichkeiten des Schwundes *(focht)* ebenso häufig wie seine Epithese *(erdroß)*. Die Nasale *m* und *n* sind im Auslaut weitgehend neutralisiert, z. T. auch

---

[14] G. Könnecke: Bilderatlas zur Geschichte der deutschen Nationallitteratur. Marburg 1887, S. 27.

[15] Litverz. I/11, S. 108.

geschwunden, was zu Verständnisproblemen führen kann. Die Affrikata *pf* wird auch unverschoben wiedergegeben.

Bei den Flexionen und Wortformen sind folgende Auffälligkeiten zu konstatieren: Der Infinitiv kommt gelegentlich ohne *n* vor, einmal (600,3) auch die 3. Pl.; dafür lautet die 1. Sg. auf *-en.* In der 2. Sg. des Verbs fehlt oft das *s.* Pluralbildungen des Verbs der 1. und 2. Praes. Ind. enden auf *-nt,* desgleichen die 3. Pl. Praet. Ind. Eine auffällige Eigenart ist die vorherrschende Bildung des Part. Praes. ohne auslautendes *d.* In der mannigfach gestörten Syntax ist als besondere Eigenheit der pleonastische Gebrauch des Reflexivpronomens auffällig.

In ihren Graphien ist die Handschrift außerordentlich uneinheitlich; für jede Tendenz liefert sie Beispiele und Gegenbeispiele, und bei Laut- oder Graphienentwicklungen neigt sie zum analogischen Ausgleich. Damit ist sie ein typisches Beispiel für den Sprach- und Schreibausgleich im 15. Jahrhundert.

Das metrische Gerüst der Nibelungenzeile ist, trotz mancher Störungen, noch deutlich erhalten, ebenso das Reimgefüge – anders als in der Piaristenhandschrift k, auch wenn die strophische Form in der fortlaufend geschriebenen Handschrift n nicht mehr erkennbar ist. Gelegentlich wird in Zusätzen eine weitere Zeile angehängt, die sich an den Reim der vorhergehenden Zeile anschließt. Insgesamt kann man von einer Mischung aus Nibelungenstrophe und Hildebrandston sprechen.

Überlegungen zur Provenienzgeschichte der Handschrift

Die Closen-Günderrodesche Bibliothek im Umfang von ca. 16 000 Bänden ist hauptsächlich von dem Frankfurter Patrizier Johann Maximilian von Günderrode (1713–1784) zusammengetragen worden. Er hat auf seinem Landgut in Höchst an der Nidder dafür einen noch existenten Bibliotheksbau errichten lassen.[16] 1922–24 waren die Bestände als Leihgabe in die

[16] Vgl. R. Jung: Zur Geschichte der Familie von Günderrode. In: Alt-Frankfurt 5. 1913, S. 65–79 und 107–114.

Darmstädter Bibliothek gekommen, konnten aber erst 1958 endgültig erworben werden.[17] An Handschriften enthält die Günderrodesche Bibliothek außer dem Nibelungenlied n und dem aus demselben Codex stammenden ›Wilhelm von Österreich‹ des Johann von Würzburg nur noch eine Augsburger Handschrift von Johann Hartliebs ›Alexander‹ (olim 14977, jetzt Hs. 4256).

Wenn wir wüßten, wo Bernhard Hundeshagen den dritten bekannten Teil des ursprünglichen Codex, die Berliner ›Alphart‹-Handschrift entdeckt hatte, über deren Provenienz er sich nie äußern wollte, wären wir für die Lokalisierung des Nibelungenliedes n einen entscheidenden Schritt weiter. Staub/Weimann-Hilberg weisen darauf hin, daß der Hanauer Arzt und Dichter Dr. Karl Christian Wolfart Hundeshagen den Hinweis gegeben hat. Wolfart hatte außer zu ihm auch Beziehungen zu den Günderrodes, »Ob die Günderrodes und Hundeshagen die Handschrift aus einer gemeinsamen Quelle bezogen haben oder ob die Günderrodes auch Vorbesitzer von ›Alpharts Tod‹ waren, muß offen bleiben.«[18]

Ähnliches Stillschweigen bewahrte Hundeshagen auch über die Modalitäten seiner Erwerbung der einzigen illustrierten Nibelungenhandschrift b.[19] Diese ist vermutlich in Augsburg entstanden. Im Einband von b ist als Makulatur eine Urkunde des Augsburger Kaufmanns Hans Gossembrot enthalten.[20] Der bislang nicht identifizierte Besitzeintrag *Rudolff Sigmund / mein Hand geschrifft / 1496* könnte auf ein Mitglied dieser Familie zu beziehen sein. Sigismund (1417–1493) hieß der Bruder dieses Hans. Er war ein bedeutender Förderer des Augsburger Frühhumanismus und besaß eine auch deutsche Literatur enthaltende Bibliothek.[21] 1461 ging er jedoch schon nach Straßburg ins

[17] Vgl. H. Linck: Die Bücherverluste der Hessischen Landesbibliothek i. J. 1944. In: Durch der Jahrhunderte Strom. Beiträge zur Geschichte der Hessischen Landes- und Hochschulbibliothek. Frankfurt a. M. 1967, S. 208.

[18] Vgl. hierzu Staub/Weimann-Hilberg, Lit.verz. II/4, S. 268ff.

[19] Lit.verz. I/6, S. 17 Anm. 8.

[20] Vgl. ebda. S. 16.

[21] Diesen Bezug vermutet auch P. J. Becker, Lit.verz. III/1, S. 153 Anm. 7. – Vgl. P. Joachimsohn: Aus der Bibliothek Sigmund Gossembrots. In: Zentralblatt f. Bibliothekswesen 11. 1894. S. 249–268, 297–307.

Kloster St. Johann, um dort nur noch seinen Neigungen zu leben. Ein weiterer Sigismund Gossembrot war 1484–1500 Augsburger Bürgermeister. Er starb 1500 und hinterließ nur eine Tochter Ursula (gest. 1546), die seit 1488 mit Lucas Welser verheiratet war.[22]

In Augsburger Zusammenhänge führt auch die Provenienzgeschichte der Günderrodeschen ›Alexander‹-Handschrift. Sie trägt noch ein Exlibris des Frankfurter Juristen Johann Carl von Kayb (1684–1760), dessen Tochter Carl Justinian von Günderrode (1712–1758) geheiratet hatte. Nach dem frühen Tode von Tochter und Schwiegersohn ist seine Büchersammlung an das Haus Günderrode gefallen. Seine Vorfahren kamen aus Ulm, und ein Kaib hatte 1564 eine Angehörige der Augsburger Patrizierfamilie Welser geheiratet.[23] Wenn – dies ist allerdings eine sehr hypothetische Annahme – das Nibelungenlied b wie Hartliebs ›Alexander‹ aus dem ererbten Kayb-Bestand stammen sollte, ständen wir vor der interessanten Situation, daß zwei späte Nibelungenlied-Fassungen von Hundeshagen an einem Ort entdeckt worden wären.

Dagegen sprechen allerdings von Degering[24] angeführte Notizen von Hundeshagen zur Handschrift, die die Berliner Staatsbibliothek 1867 ersteigert hat und die darauf hinweisen, daß die Handschrift »aus der 1815 durch Verkäufe zerstreuten Bibliothek des Wormser Bischofs (1482–1503) Johann von Dalberg [stamme], die sich bis dahin auf dem Schlosse Ladenburg im Besitze seiner Familie erhalten hatte.« Versuche, die Handschrift dem ursprünglichen Bestande der Heidelberger pfalzgräflichen Bibliothek zuzuweisen, hat schon Hundeshagen scharf zurückgewiesen. Er erklärte, sie 1817 in Mainz bei einem Antiquar erworben zu haben. Doch auch da gibt es laut Degering keine klaren Beweise. Nur soviel ist klar: Auch b stammt aus einem Besitz in diesem engeren Raume und offenbart ein regionales spätmittelalterliches Interesse am Nibelungenstoff. Ein solches bezeugt auch das Darmstädter Aventiurenverzeichnis m, das als Umschlag für ein Mainzer

---

[22] J. M. von Welser: Die Welser. Nachrichten über die Familie. Nürnberg 1917, Bd. 1, S. 74f. und J. Siebmacher's Großes Wappenbuch. Abgestorbener bayerischer Adel. Teil 1. Nürnberg 1884, S. 72.

[23] Dazu J. Vorderstemann: Johann Hartliebs Alexanderbuch. Eine unbekannte illustriertre Handschrift von 1461 in der Hessischen Landes- und Hochschulbibliothek Darmstadt (Hs. 4256). Göppingen 1976 (GAG 182), S. 12–14.

[24] Lit.verz. I/5, S. III.

Ackerbuch von 1540 überlebt hat und neuerdings auf die Mitte bis 2. Hälfte des 14. Jahrhunderts datiert wird.[25]

Fragen zur Entstehungsgeschichte

Wer aber kommt im ausgehenden Mittelalter in diesem Raum als Interessent und Auftraggeber für eine Handschrift mit Heldenliedern und höfischer Epik in Frage? Wir kennen als Literaturliebhaber außer dem schon genannten Johann von Dalberg die Grafen von Katzenelnbogen. Ihr Bibliothekskatalog von 1444, der auch im Lautstand nicht weit von dem unserer Handschrift entfernt ist, belegt literarische Interessen der letzten Grafen Johann IV. (1402–1444) und Philipp (1444–1479),[26] kann aber unsere jüngere Handschrift noch nicht enthalten. Andere Handschriftensammlungen aus diesem Raum sind aber nicht bezeugt. Daran können die historischen Bedingungen schuld sein.[27] Deshalb setzt nun das Auftreten einer heldenepischen Sammelhandschrift im südhessischen Raum um die Mitte des 15. Jahrhunderts einen neuen Akzent.[28] Literarischen Austausch pflegte man z. B. »zwischen

---

[25] Vgl. die Beschreibung der Hs. 3249 in Lit.verz. II/5, S. 146. Vorher wurde sie dem 15. Jh. zugeordnet.

[26] Dazu ausführlicher K. E. Demandt: Lit.verz. III/10, bes. 156, 177f. und, zusammenfassend, P. J. Becker, Lit.verz. III/1, S. 214.

[27] »Die Überlieferungsverluste dieses Raumes waren offenbar beträchtlich größer als diejeinigen anderer deutscher Landschaften« (H. Beckers, Lit.verz. III/2, S. 18).

[28] Daß immer noch mit Funden gerechnet werden muß, zeigen der Bericht von K. Klein: Eine wiedergefundene Sammelhandschrift des 15. Jahrhunderts mit ›Laurin‹ und ›Rosengarten‹ sowie fünf weiteren, inhaltlich gar nicht dazu passenden Texten. In: ZfdA 113. 1984, S. 214–228 und ZfdA 115. 1986, S. 49–78. Nicht der ostmitteldeutsche ›Laurin‹, wohl aber der westmitteldeutsche ›Rosengarten‹ ähnelt im Sprachstand und in der Einrichtung unserer Handschrift n, auch wenn der Schreiber ein anderer ist. – In der Auktion 70 von Venator & Hanstein, Köln 7. und 8. Nov. 1994, Nr. 811 wurden als Nr. 811, Katalog S. 128f. umfangreichere Bruckstücke

dem pfalzgräflichen Hof zu Heidelberg und den Grafen von Manderscheid-Blankenheim, die als das literarisch interessierteste Adelsgeschlecht des Spätmittelalters gelten dürften,« wahrscheinlich über Wirich IV. von Daun zu Oberstein.[29] Es gibt jedoch keinerlei Besitzhinweise auf die genannten, und der jahrhundertelange Verbleib der Handschrift(en) im engsten Raum spricht auch dagegen. Wenn man als ursprüngliche Besitzer, vielleicht gar als Auftraggeber andere Adelsfamilien der Wetterau mit ins Kalkül zieht, käme möglicherweise das gräfliche Haus Hanau in Betracht, in dem seit dem ausgehenden 17. Jahrhundert einige Linien erloschen und das 1736 ganz ausstarb. Die Erbschaft ging letztendlich 1736 an Hessen-Darmstadt und Hessen-Kassel. Dort ist nichts Vergleichbares erhalten, doch ist es denkbar, daß Bücher aus der Erbmasse im südhessischen Raum verblieben und in die Hände privater Interessenten gelangt sind. Dabei wäre gerade an Juristen zu denken, die selbst an der Abwicklung der Erbschaften beteiligt sein konnten oder solche kannten, die es waren.[30]

---

des Spielmannsepos »Salman und Morolf«, oberrheinisch, um 1465, angeboten. S. 129: »Wenn schon der Fund einer deutschen Vershandschrift aus dem 15. Jahrhundert besondere Beachtung verdient, so stellt die Entdeckung eines Textes, dessen Tradition aus dem 12. Jahrhundert stammt, [...] einen besonderen Glücksfall dar.«

[29] H. Beckers: *Der Püecher haubet, die von der Tafelrunde wunder sagen.* Wirich von Stein und die Verbreitung des Prosa-Lancelot im 15. Jahrhundert. In: Schweinfurter ›Lancelot‹-Kolloquium 1984. Hrsg. von W. Schröder. Berlin 1986 (Wolfram-Studien IX), S. 17–45, S. 40f. – Zur unklaren Beurteilung der Überlieferung von Handschriften volkssprachlicher Dichtung am Heidelberger Hof vgl. Jan-Dirk Müller: Einleitung zu dem von ihm hrsg. Band: Wissen für den Hof. Der spätmittelalterliche Verschriftungsprozeß am Beispiel Heidelbergs im 15. Jh. München 1994 (Münstersche Mittelalterschriften. 67), S. 8f.

[30] Vgl. Dommerich, Lit.verz. III/11.

Das Nibelungenlied ist von den Buchdruckern nie rezipiert worden. Sein Stoff taucht nur noch in entstellter Form im Prosateil der Heldenbuch-Drucke auf. Wie unsere in ihrem vollständigen Inhalt leider nicht rekonstruierbare Handschrift n zeigt, ist aber mit seiner Einbeziehung in spätmittelalterliche Sammelhandschriften bzw. Heldenbüchern doch stärker zu rechnen, als es ihr zufälliges Überleben ausweist.

Zur Stellung von n in der Überlieferung des Nibelungenliedes und der Nibelungensage

Der Text des zweiten Teils des Nibelungenliedes setzt nach der gerafft in 19 Strophen vorangestellten Vorgeschichte[31] mit dem Aufbruch der Burgunder ein. Der n-Text ist also eine in sich geschlossene Fassung. In der Einleitung bedient sich der Redaktor immer wieder einzelner Zeilen aus dem Gesamttext des Epos, der ihm demzufolge zur Verfügung gestanden hat. Schon hier zeichnet sich ab, daß er Zugang zu mehreren Zweigen der Überlieferung hatte. Die Schwankungen zwischen *B und *C einschließlich der gleichfalls aus dem 15. Jahrhundert stammenden Handschrift k, die den gesamten Text kennzeichnen werden, treten sogleich zu Tage.

Insgesamt dominiert die *C-Redaktion, doch tritt passagenweise immer wieder die *B-Redaktion in den Vordergrund. In Einzelfällen sind immer wieder genauere Übereinstimmungen mit den Handschriften D, H, I, L, b, d, g, h, l, k faßbar. Die detaillierte Bewertung dieser vielfältigen Beziehungen kann nicht Gegenstand dieser Edition sein. Mit k allerdings verbinden n des öfteren Einzelzeilen und Formulierungen, die diese bislang in der Betrachtung der Nibelungenliedüberlieferung sehr abseits stehende Bearbeitung näher an das Gesamtcorpus heranführen. Die vielfachen Kontaminationen und Doppelfassungen von Strophen belegen, wie intensiv, auf welcher Stufe

---

[31] Vgl. zu dieser Frage N. Henkel, Lit.verz. III/16. Die Handschrift n ist hier allerdings nur andeutend einbezogen (S. 45 und 51).

auch immer, der Zugang zu den unterschiedlichen Redaktionen war.

Im Vergleich zur Handschrift k steht n der allgemeinen Überlieferung noch sehr nahe und bewahrt auch im Großen und Ganzen das metrische Gerüst der Nibelungenzeile. Massivere Störungen gibt es bei den Reimen. Hier empfand wohl auch schon der Schreiber gelegentlich den Mangel und suchte durch Änderungen zu bessern. Grundsätzlich gilt, daß Unsicherheiten in Metrum und Reim Indizien für Störungen im Bereich der Vorlage sind, und sie finden sich oft dort, wo der Textbestand von der übrigen Überlieferung abweicht.

Für das Alter zumindest einer Vorlage gibt es gewisse Indizien, die auf das 13. Jahrhundert weisen. Diese Befunde werden ergänzt durch räumliche und historische Bezüge auf den bairisch-österreichischen Raum: Da geschieht der Mord an Siegfried in Tirol,[32] die Nibelungen ziehen über das Marchfeld (*Marraw* Str. 25,1), das durch den Sieg Rudolfs von Habsburg über Ottokar II. von Böhmen 1278 bei Dürnkrut im allgemeinen Bewußtsein war. Rudolf ist es auch, dem man nach Str. 807–808 die Geschichte vorlas, wie sie einer der geflohenen 72 Teufel, gebannt vom Bischof Pilgrim, erzählt hatte.[33]

---

[32] Möglicherweise nur eine ›Laurin‹-Reminiszenz, vgl. Anm. zur Strophe.

[33] Interessant ist in diesem Zusammenhang ein Zitat aus der Österreichischen Reimchronik des Otacker (hrsg. Seemüller, V. 16597ff.): *doch wizzet sicherlich, / das von Bern an hern Dietrîch / solich ellen nie wart schîn / gegen Sîfriden dem hurnîn / in dem rosengarten, / als man von Bêheim den zarten / dâ sach begên und tuon*, das G. Holz (Die Gedichte vom Rosengarten zu Worms. Lit.verz. I/10, S. XCIII) anführt und das ins erste Jahrzehnt des 14. Jahrhunderts gehört.

Weitere Eigenheiten von n:

1. Erweiterungen innerhalb des Nibelungenlied-Zusammenhangs:

- Auf den ›Rosengarten‹ selbst wird zweimal angespielt: einmal von einem Hunnen (Str. 265,4), einmal von Hildebrand (Str. 368,1).[34]
- Auf die Nähe der Str. 808 zur ›Klage‹ wurde schon hingewiesen.

2. Übereinstimmungen mit nordischer Dichtung, insbesondere mit Thidreks- und Völsungasaga:

- Str. 5,4: Hagen rät zunächst, den Frauenstreit zu schlichten statt Siegfried zu töten.[35]
- Str. 8,4: Die Erlösung der Kriemhild auf dem Drachenstein bildet eine Brücke zur nordischen Überlieferung und zum Stoff des ›Hürnen Seyfrid‹. Auch das Darmstädter Aventiurenverzeichnis m (Av. 7–9) spricht diese Episode an, ebenso der ›Rosengarten A‹ (hrsg. Holz), Str. 329–333.[36]
- Str. 10,2 wird Hagen Siegfrieds *swager* genannt und wäre damit wie in der nordischen Überlieferung ein Bruder der Könige.
- Str. 11f. ist eine Mischung der deutschen Version mit der nordischen Bettod-Tradition.[37]

---

[34] Die Verbindung zum Rosengarten stellt auch die Prosa-Kurzfassung des in den Dietrich-Stoff eingebundenen Nibelungenlied-Geschehens in den Drucken des Heldenbuches her: *Zü wissen als künig Eczel sein fraw Herriche gestarb da nam er künig gibichs tochter chrimhilden / die vor des hürnen küng Seifrid auß nyder lant weibe was – der von dem berner in dem rosengarten erslagen wart [...]* (Heldenbuch. Straßburg 1479: Johann Prüss d. Ä., fol. 5v, nach Lit.verz. I/9, Bd. 1).

[35] Vgl. Anmerkung zur Stelle.

[36] De Boor, Lit.verz. III/8, warnt S. 192 davor, sich die Aventiuren 7 und 9 in m »allzu ähnlich dem Hürnen Seyfrid darzustellen.« Diese Vorsicht ist auf Str. 3 und 4 von n auszudehnen.

[37] Vgl. Anmerkung zur Stelle.

- Str. 19: Die Einladung ins Hunnenland wird durch Abwesenheit oder Tod Etzels begründet.[38]
- Str. 41, 3–4: Das Motiv der Bedrohung durch eine Flutwelle findet sich im Traum Glaumwörs im Jüngeren Atlilied sowie dem der Kostbera in der Völsungasaga.[39]
- Der aus b bekannte Einschub in Länge von 23 Strophen findet sich verändert auch in n (Str. 161ff. 18 Strophen) und wird später, anders als in b, in den Zusatzstrophen 613 und 614 wieder aufgenommen und sinnvoll in das Brandgeschehen integriert. Hier scheint die n-Version die plausiblere und vielleicht auch die ursprüngliche Fassung der Variante zu sein. Die verräterische Einladung und das Niederbrennen der Gäste im neu errichteten Prachtbau kennt auch die Inglinga-Saga des Snorri Sturluson.[40]
- Der Namen *Herch* entspricht altnordisch *Erka.*

3. Nicht zuzuordnende fremde Motive:
- Str. 42,3 *verderben in ryff ader jn snee* ist nicht sinnvoll mit dem Flutmotiv 41,3–4 zu verknüpfen, könnte aber in Richtung eines nordischen Stoffes weisen.
- Str. 807–808: Nicht integrierbar ist die schon genannte Erzählung von 72 Teufeln, von denen der Bischof Pilgrim einen bannte.

4. Weitere Varianten, Zusätze und veränderte Tendenzen:
a. In Titel und Vorgeschichte:
- Im Titel des 18. Jahrhunderts, der aber sicher auf einen älteren zurückgeht, wie auch in der Einleitung (Str. 1,3, Str. 8) haben Kriemhild und Brünhilt die Rollen getauscht. Dieses Phänomen kennen wir auch aus der Handschrift a (sechs-

[38] Vgl. Anmerkung zur Stelle.
[39] Vgl. Anmerkung zur Stelle.
[40] Vgl. R. Boklund-Schlagbauer, Lit.verz. III/4, S. 17. Zum uralten Gewaltmittel des Mordbrandes in den germanischen Länden vgl. G. Neckel: Germanisches Heldentum. Jena 1934, S. 35.

mal) und dem Aventiurenverzeichnis m (Aventiuren 6, 11, 12).[41]

- Hagen salviert sich (nur in n) Kriemhild gegenüber durch einen zweideutigen Eid (Str. 9).

b. Im Haupttext:

- Durch Zusatzstrophen werden Dankwart, Etzel, Giselher, Volker und Wolfhart stärker konturiert.
- Kriemhild ist gegenüber Hagen negativer bewertet als sonst in *C.
- Die Unterschiede zwischen Christen und Heiden werden deutlicher akzentuiert. Darin ist n mit k vergleichbar.
- Rührende Elemente werden stärker ausgearbeitet, so Ortliebs Bitte um Schonung (Str. 438ff.) und die Darstellung seines Todes, auch Giselhers Liebeskummer (Str. 696). Diese Züge korrespondieren, wenn auch nicht im Detail, mit der Haltung von k.
- Rüdiger wird ein Kontingent von zwei oder drei Burgundern angeboten, die er töten darf, damit er seinen Eid löst (Str. 688–689, entspr. k 2237,3–2238,2).
- Neben der Aufschwellung der Kampfszenen (z. T. durch Kontamination) ist eine erhöhte Neigung zur Drastik feststellbar: Daß der tote Siegfried der schlafenden Kriemhild in den Arm gelegt wird (Str. 11–13), ist äußerst brutal. Der rüde Witz zum Tod des Fergen (Str. 62,4) geht in ähnliche Richtung. Daß der Zeitgeschmack dabei eine Rolle spielte, zeigt ein ähnlich rüder Witz in b.[42]

---

[41] U. Hennig, Lit.verz. III/17: S. 117ff. vermutet hinter dieser Parallelität, die n jetzt erweitert, keine Schreiberwillkür, sondern eine abweichende Stoffversion. De Boor, Lit.verz. III/8, S. 189 Anm. 11 dagegen ging für m »von einer bloßen Namensverwechslung des Schreibers« (Verwechlsung der Abkürzungen *krh'* und *brh*) aus. Wenn ein bloßer Kopierfehler zugrunde liegt, muß dieser auf einer früheren Überlieferungsstufe gesucht werden.

[42] Dazu F. R. Schröder, Lit.verz. III/23.

– Teilweise, nicht durchgängig, finden sich Zahlenaufschwellungen zur Erhöhung des Effekts.

Das Nibelungenlied n vereint, wie es Brackert[43] schon für das Sondergut der einzelnen Redaktionen formuliert hat, »Textbestände von sehr verschiedener Provenienz und sehr verschiedenem Alter in dichter, für uns nicht mehr entwirrbarer Verflechtung und Verschichtung.« Die mit einer Prädominanz von *C stark kontaminierende Fassung erlaubt keinen Blick zurück auf ein rekonstruierbares Original. Auffällig sind einzelne Parallelen zu k. Anders als diese Version, deren Eigenheiten W. Hoffmann[44] zusammenfaßt, ist sie aber weit weniger eine für den »Geschmack einer bestimmten, literarisch interessierten sozialen Schicht charakteristische Bearbeitung«,[45] die selbst den Satzbau dem Gebrauch ihrer Gegenwart entsprechend vereinfacht, auch wenn sie das Verfahren der sprachlichen Adaptation und insbesondere des Ersatzes ungebräuchlicher oder unverständlicher Wörter mit ihr teilt. Sie überliefert den Text weit konservativer. Die Gemeinsamkeiten mit k relativieren die Einmaligkeit dieser bislang abseits stehenden Fassung. Wenn k schon »ein Kompromißdenken, das man wohl bürgerlich nennen kann,« offenbart, das »von der Unbedingtheit des heroischen Epos [...] soweit entfernt ist wie nur möglich,«[46] so muß das inhaltlich jetzt auch für eine gemein-

---

[43] Lit.verz. III/5. S. 172f. – Solche »Verquickung von Textmaterial unterschiedlicher Herkunft und unterschiedlichen Alters« ist nach J. Heinzle: Zur Überlieferung des Eckenliedes: Das sog. Bruchstück m2. In: ZfdA 103. 1974, S. 51–61, S. 61 als Folge von Austausch zwischen konkurrierenden Fassungen eines der wesentlichen Charakteristika auch der Dietrichepik, zu der das Nibelungenlied n in Überlieferung und Inhalt, besonders auffällig bei den Namen, eine starke Bindung hat.

[44] Lit.verz. III/18.

[45] Ebda. S. 133.

[46] Ebda. S. 137f. – S. 141f. rückt Hoffmann von einer allzu pauschalen Charakterisierung von k als »bürgerlichem Nibelungenlied« ab und schlägt statt dessen den Begriff »spätmittelalterlich« vor.

same Vorstufe von n und k gelten, wie sie da und dort, verstreut über den ganzen Text zu ahnen ist. Außer zu k weist n eine besondere Beziehung zu b auf, vor allem durch die 18 Strophen 162–179, die mit dem Einschub in b eng verwandt sind. Dieser Einschub könnte zugleich einen Vorlagenwechsel markieren. Vorher orientiert sich der Text mehr an *B, nachher, wenngleich nicht ausschließlich, an *C; bis in den Einschub hinein wird der Name *Kremhilt* geschrieben, nachher *Cremhilt.* Mit dem Darmstädter Aventiurenverzeichnis m schließlich ist n vor allem durch die Anspielung auf den Stoff des ›Hürnen Seyfrid‹ verbunden.

Was Brackert für die Gesamtüberlieferung des Nibelungenliedes herausgearbeitet hat, daß nämlich *A, *B, *C nur Bearbeitungsstufen sind, hinter denen andere stehen, und daß neben den Kontaminationen noch allenthalben Mündlichkeit einströmen kann,[47] trifft in besonderem Maße auf n zu. Brakkert hat hieraus gefolgert: »Der Textkritiker kann nichts weiter tun, als den [...] Text, von allen Schreiberversehen gesäubert, darbieten.«[48] G. Steer[49] hat das Nibelungenlied n ausdrücklich angesprochen, einen »erweiterten Literaturbegriff« postuliert und die »Geschichtlichkeit« dieser Fassung, den »Text als Produkt eines Prozesses« zum Ziel der Edition solcher Texte erhoben. Das ist auch das Ziel, an dem sich diese Ausgabe orientiert.

Editionsprinzipien

Es war das Ziel dieser Ausgabe, die späte Handschrift n in den Zusammenhang der übrigen Überlieferung des Nibelungenliedes einzubetten. Deshalb beschränkt sie sich nicht auf einen diplomatischen Abdruck, sondern sucht ihren von offensicht-

---

[47] So faßt dies H. Fromm, Lit.verz. III/12, S. 75, zusammen.
[48] Brackert, Lit.verz. III/5, S. 173.
[49] Lit.verz. II/7, S. 119.

lichen Störungen vorsichtig gereinigten Text im Zusammenhang mit der Überlieferung der drei wichtigsten Handschriften A, B, C[50] sowie unter Seitenblick auf k[51] darzubieten. Dazu bedurfte es folgender Festlegungen:

Kürzel werden aufgelöst. Dabei gibt es zwei Probleme.

Das erste ist, daß der Schreiber nicht deutlich die Nasalauslaute *-n*/*-m* trennt. Im Text wird dies nicht bereinigt, so daß Dativ und Akkusativ oft vertauscht erscheinen und deshalb Verständnisprobleme auftreten können. Trotzdem unterblieb bei den ausgeschriebenen Formen ein Eingriff, weil diese Schwankungen typisch für die Handschrift sind. Die Kürzel wurden aber zur Normalform hin aufgelöst.

Das zweite Problem ist die Wiedergabe des häufigen Kürzels *hre'*. Es wird einsilbig aufgelöst, da die ausgeschriebenen Formen immer einsilbig sind und die Metrik meist einsilbige Auflösung nahelegt; diese Auflösungen sind immer ohne Apparateintrag kursiv gesetzt.

Diakritische Zeichen über *u*/*y* werden weggelassen, da sie in der Handschrift nicht immer zweifelsfrei zu erkennen sind und offenbar keine lautliche Relevanz haben. Für die nicht unterschiedenen Laute *u*/*ü* steht daher ein Zeichen, das *u*. Hierin folgt die Ausgabe dem Vorgehen von Frings/Schieb in ihrer Ausgabe von Heinrich von Veldekes ›Eneide‹ und unterscheidet sich von Zimmers Ausgabe von ›Alpharts Tod‹, der sich an der lautgeschichtlich zu erwartenden Form orientiert und normalisiert hat. Ausnahmen bilden nur die wenigen Überschreibungen von *u* mit *o* oder *e,* die der Vorlagentreue halber wie vorgefunden abgedruckt werden.

Der erste Buchstabe der Zeile wird nach dem Gebrauch der Handschrift als Majuskel wiedergegeben, oft auch der auf eine

---

[50] Anhand des Paralleldruck der Handschriften A, B und C von Batts, Lit.verz. I/1.

[51] Hrsg. von A. v. Keller, Lit.verz. I/4.

vorgesehene Initiale folgende Buchstabe. Eigennamen werden im Text gegen die Handschrift immer groß geschrieben. Da der Schreiber offenbar keinen Wert darauf gelegt hat, eine Namensform für eine Person durchzuhalten, auf der anderen Seite aber nur dort, wo Namenvertauschungen sinnstörend sind, eingegriffen wurde, wechseln die Schreibungen von Namen wie in der Handschrift. Ein Namenverzeichnis im Anhang führt die Varianten zusammen und erlaubt auch Vergleiche in Richtung der Dietrichepik.

Die Worttrennung wurde reguliert. Die Interpunktion des Textes folgt behutsam modernem Gebrauch und ist so gesetzt, daß sie zum Verständnis des Textes beiträgt und für das Verständnis möglichst wenig präjudiziert.

Korrekturen von Schreiberversehen, die über die genannten Regulierungen der Schreibweise hinausgehen, werden kursiv wiedergegeben und im Apparat dokumentiert. Zusätze ganzer Wörter stehen kursiv in spitzen Klammern, Auslassungen ganzer Wörter werden durch leere eckige Klammern [ ] gekennzeichnet. Heilungen werden nicht um jeden Preis versucht; offenbare Störungen werden zwischen Cruces † † gestellt. Kursive und [ ] verweisen auf den ersten Apparat, in dem der Text der Handschrift nachgewiesen wird.

Tiefergehende Fehler (Schreibermißverständnisse und ererbte Fehler) werden nicht korrigiert, doch wird am rechten Rand oder in einer Anmerkung zur Stelle (*) eine möglicherweise gemeinte oder in einer Vorlage vorkommende Form angeboten, nach Möglichkeit gestützt auf eine nahestehende Überlieferung. Auf dieselbe Weise wird auch bei mißverständlichen Formen der Sinn verdeutlicht. Daß die Grenze zwischen Schreiberversehen und tiefergehenden Fehlern nicht immer sicher zu erkennen ist, weiß jeder Kundige.

Obwohl die Handschrift nicht in Strophen gegliedert ist, wurde der Text strophisch gezählt, damit Vergleiche mit der weiteren Überlieferung erleichtert werden. Die Blattzählung der Handschrift wird neben dem Text mitgeführt. Die Gliederung durch Initialen und durch Einrückung über mehrere Zeilen folgt dem Bilde der Handschrift. Die wenigen Zeilenbrechungen der Handschrift sind durch senkrechte Striche angedeutet.

Dem vergleichenden Blick dient auch die bewertende Strophenkonkordanz unter dem textkrischen Apparat, die auf Grundlage der Paralleledition von Batts die Zählungen von A, B (dazu in Klammern die Zählung nach Bartsch) und C (für die wie bei Batts anfangs für die Lücke in C a steht) mitführt. Ungewöhnlich und sicher angreifbar, weil sehr pauschal, ist die Bewertung der Entsprechungen: Wo n innerhalb einer Strophe von den genannten Handschriften abweicht, wird dies jeweils durch ein Minuszeichen markiert (-A 1586). Die Handschrift k wird dort, wo sie n besonders nahe steht, mit aufgeführt. Die Bewertung orientiert sich an den signifikanten Varianten. Immerhin wird es durch dieses Verfahren möglich, die Schwankungen und Vorlagenwechsel von n schon grob zu erkennen, und dies wird für eine erste textkritische Bewertung wie auch für die literaturgeschichtliche Würdigung nützlich sein. Änderungen in der Abfolge der Strophen werden ebenfalls erkennbar. Zeilenvertauschungen innerhalb der Strophen aber werden nicht aufgeführt, sie sind Teil der summarischen Bewertung. In der Zusammenfassung des ersten Teiles des Epos (Str. 1–19) werden die Übernahmen von Strophenteilen sowie Parallelen im Sondergut der übrigen Überlieferung verzeichnet.

Unterstützend werden im Anhang eine Konkordanz der Initialen mit A, B, C sowie eine Aufstellung der Plus- und Minusstrophen gegenüber diesen Handschriften bzw. eine Aufstellung der Doppelstrophen aufgrund von Kontamination beigegeben.

Der Einschub von 23 Strophen in b wird wegen seiner Bedeutung für die Betrachtung von n als Anhang abgedruckt. Darüber hinaus werden, ohne Anspruch auf Vollständigkeit, besonders signifikante Übereinstimmungen aus der übrigen Überlieferung angegeben. Die Anmerkungen zu einzelnen Stellen bieten neben den genannten textkritischen Hinweisen auch solche zur Stoffgeschichte.

Literatur in Auswahl

I. Textausgaben, Faksimiles, Übersetzungen

Nibelungenlied

1. Das Nibelungenlied. Paralleldruck der Handschriften A, B und C, nebst Lesarten der übrigen Handschriften. Hrsg. von Michael S. Batts. Tübingen 1971.
2. Der Nibelunge Nôt. Mit den Abweichungen von der Nibelunge Liet, den Lesarten sämmtlicher Handschriften und einem Wörterbuche hrsg. von Karl Bartsch. 3 Bde. Leipzig 1870–1880.
3. Das Nibelungenlied nach der Handschrift C. Hrsg. von Ursula Hennig. Tübingen 1977. (ATB 83).
4. Das Nibelungenlied. Nach der Piaristenhandschrift hrsg. von Adalbert von Keller. Stuttgart 1879 (Bibl. des Litterarischen Vereins in Stuttgart. CXLII).
5. Der Nibelungen Not. In der Simrockschen Übersetzung nach dem Versbestande der Hundeshagenschen Handschrift. Bearb. und mit ihren Bildern hrsg. von Hermann Degering. Berlin 1924.
6. Das Nibelungenlied in spätmittelalterlichen Illustrationen. Die 37 Bildseiten des Hundeshagenschen Kodex Ms. Germ. Fol. 855 der ehemaligen Preußischen Staatsbibliothek [...]. Faksimileausgabe unter Mitarb. von Günther Schweikle hrsg. v. Hans Hornung. Bozen 1968.

Weitere Textausgaben

7. Diu Klage mit den Lesarten sämtlicher Handschriften. Hrsg. von Karl Bartsch. Leipzig 1875.
8. Das Lied vom hürnen Seyfried. Critical edition with introduction and notes by K. C. King. Manchester 1958.

9. Heldenbuch. Nach dem ältesten Druck in Abb. hrsg. von Joachim Heinzle. Abbildungs- und Kommentarband. Göppingen 1981 und 1987 (Litterae 75/I und II).
10. Die Gedichte vom Rosengarten zu Worms. Hrsg. von Georg Holz. Halle 1893.
11. Zimmer, Uwe: Studien zu ›Alpharts Tod‹ nebst einem verbesserten Abdruck der Handschrift. Göppingen 1972 (GAG 67).

Altnordische Quellen mit ihren Übersetzungen

12. Die Lieder der Edda. Hrsg. und erklärt von B. Sijmons. Bd. 1: Text. Halle 1906. (Germanistische Handbibliothek. VII).
13. Edda. 1. Band. Übertr. von Felix Genzmer. Mit Einleitung und Anmerkungen von Andreas Heusler. Jena 1923 (Thule. Bd. 1).
14. Völsungasaga, in: Die prosaische Edda im Auszuge nebst Völsunga-saga und Nornagests-tháttr. Mit ausführl. Glossar hrsg. von Ernst Wilken. Teil I: Text. Paderborn 1878 (Bibliothek der ältesten deutschen Litteratur-Denkmäler. Bd. XI), S. 147–234.
15. Isländische Heldenromane. Übertr. von Paul Hermann. Jena 1923. (Thule 2. Reihe. Bd. 21).
16. Þiđriks Saga af Bern. Utg. for Samfund til Udgivelse af gammel nordisk Litteratur ved Henrik Bertelsen. 2 Bde. København 1905–1911.
17. Die Geschichte Thidreks von Bern. Übertr. von Fine Erichsen. Jena 1924. (Thule 2. Reihe. Bd. 22).
18. Die faröischen Lieder der Nibelungensage. 2 Bde. Hrsg. von Klaus Fuss. Göppingen 1985f. (GAG 427/428).

II. Zur Nibelungenliedhandschrift n

1. Vorderstemann, Jürgen: Eine unbekannte Handschrift des Nibelungenliedes in der Hessischen Landes- und Hochschulbibliothek Darmstadt. In: ZfdA 105. 1976. S. 115–122.
2. Vorderstemann, Jürgen: Die 30. Aventiure des Nibelungenliedes in der Darmstädter Handschrift n (Hs. 4257). In: Litterae ignotae. Beiträge zur Textgeschichte des deutschen Mittelalters: Neufunde und Neuinterpretationen. Hrsg. von Ulrich Müller. Göppingen 1977 (Litterae 50), S. 11–19.
3. Kornrumpf, Gisela: Strophik im Zeitalter der Prosa: Deutsche Heldendichtung im ausgehenden Mittelalter. In: Literatur und Laienbildung im Spätmittelalter und in der Reformationszeit. Symposion Wolfenbüttel 1981. Hrsg. von Ludger Grenzmann und Karl Stackmann. Stuttgart 1984.
4. Staub, Kurt Hans/Weimann-Hilberg, Birgitt: Johann von Würzburg (II): *Wilhelm von Österreich*. Ein neu aufgefundener Textzeuge der Hessischen Landes- und Hochschulbibliothek Darmstadt. In: Miscellanea Neerlandica 1987, S. 263–271.
5. Die Handschriften der Hessischen Landes- und Hochschulbibliothek Darmstadt. Bd. 6: Kurt Hans Staub und Thomas Sänger: Deutsche und niederländische Handschriften. Wiesbaden 1991.
6. Rosenfeld, Hans-Friedrich: Ortliebs Tod. In: *Uf der mâze pfat*. Festschrift für Werner Hoffmann zum 60. Geburtstag, Göppingen 1991 (GAG 555), S. 92–94.
7. Steer, Georg: Textkritik und Textgeschichte. Editorische Präsentation von Textprozessen: Das »Nibelungenlied«. Der »Schwabenspiegel«. Die Predigten Taulers. In: Methoden und Probleme der Edition mittelalterlicher deutscher Texte. Hrsg. von R. Bergmann und K. Gärtner. Beiheft 4 zu »editio«. Tübingen 1993, S. 107–119.

III. Weitere Literatur

1. Becker, Peter Jörg: Handschriften und Frühdrucke mittelhochdeutscher Epen. Wiesbaden 1977.
2. Beckers, Hartmut: *Der Püecher haubet, die von der Tafelrunde wunder sagen.* Wirich von Stein und die Verbreitung des Prosa-Lancelot im 15. Jahrhundert. In: Schweinfurter ›Lancelot‹-Kolloquium 1984. Hrsg. von Werner Schröder. Berlin 1986 (Wolfram-Studien IX), S. 17–45.
3. Beckers, Hartmut: Literarische Interessenbildung bei einem rheinischen Grafengeschlecht um 1470/80: Die Blankkenheimer Schloßbibliothek. In: Literarische Interessenbildung im Mittelalter. DFG-Symposion 1991. Hrsg. von Joachim Heinzle. Stuttgart. Weimar 1993 (Germanistische Symposien. Berichtsbände. XIX), S. 5–20.
4. Boklund-Schlagbauer, Ragnhild: Vergleichende Studien zu Erzählstrukturen im Nibelungenlied und in nordischen Fassungen des Nibelungenstoffes. Göppingen 1996 (GAG 626).
5. Brackert, Helmut: Beiträge zur Handschriftenkritik des Nibelungenliedes. Berlin 1963 (Quellen und Forschungen zur Sprach- und Kulturgeschichte der germanischen Völker. N. F. 11 ⟨135⟩).
6. Braune, Wilhelm: Die Handschriftenverhältnisse des Nibelungenliedes. In: PBB 25. 1900, S. 1–222.
7. Bumke, Joachim: Die vier Fassungen der ›Nibelungenklage‹. Untersuchungen zur Überlieferungsgeschichte und Textkritik der höfischen Epik im 13. Jahrhundert. Berlin 1996 (Quellen und Forschungen zur Literatur- und Kunstgeschichte. 8 = (242)).
8. de Boor, Helmut: Die Bearbeitung m des Nibelungenliedes (Darmstädter Aventiurenverzeichnis). In: PBB (Tübingen) 89. 1959, S. 176–195.
9. Demandt, Karl E.: Geschichte des Landes Hessen. Rev. Nachdruck der 2., neubearb. Aufl. 1972. Kassel 1980.
10. Demandt, Karl E.: Kultur und Leben am Hofe der Katzenelnbogener Grafen. In: Nassauische Annalen 61. 1950, S. 159–180.

11. Dommerich: Urkundliche Geschichte der allmählichen Vergrößerung der Graffschaft Hanau von der Mitte des 13. Jahrhunderts bis zum Aussterben des gräflichen Hauses im Jahre 1736. Hanau 1860.
12. Fromm, Hans: Geschichte der Textkritik und Edition mittelhochdeutscher Texte. In: Beiträge zur Methodengeschichte der neueren Philologien. Hrsg. von Robert Harsch-Niemeyer. Tübingen 1995, S. 63–90.
13. Gillespie, George T.: A catalogue of persons named in German heroic literature (700–1600), including named animals and objects and ethnic names. Oxford 1973.
14. Göhler, Peter: Bemerkungen zur Überlieferung des Nibelungenliedes. In: 3. Pöchlarner Heldenbuchgespräch. Die Rezeption des Nibelungenliedes. Hrsg. von Klaus Zatloukal. Wien 1995. (Philologica Germanica 16), S. 67–79.
15. Heinzle; Joachim: Mittelhochdeutsche Dietrichepik. Untersuchungen zur Tradierungsweise, Überlieferungskritik und Gattungsgeschichte später Heldendichtung. München 1978 (MTU 62).
16. Henkel, Nikolaus: Kurzfassungen höfischer Erzähldichtung im 13./14. Jahrhundert. Überlegungen zum Verhältnis von Textgeschichte und literarischer Interessenbildung. In: Literarische Interessenbildung im Mittelalter. DFG-Symposion 1991. Hrsg. von Joachim Heinzle. Stuttgart. Weimar 1993 (Germanistische Symposien. Berichtsbände. XIX), S. 39–59.
17. Hennig, Ursula: Die Handschriftenverhältnisse der *liet*-Fassung des Nibelungenliedes. In: PBB (Tübingen) 94. 1972, S. 113–133.
18. Hoffmann, Werner: Die spätmittelalterliche Bearbeitung des Nibelungenliedes in Lienhard Scheubels Heldenbuch. In: GRM 60 (N. F. 29). 1979, S. 129–145.
19. Kochendörfer, Günter: Das Stemma des Nibelungenliedes und die textkritische Methode. Diss. Freiburg 1973.
20. Lunzer, Justus: Die Nibelungenbearbeitung k. In: PBB 20. 1895, S. 345–505.

21. Rabe, Jürgen: Die Sprache der Berliner Nibelungenhandschrift J (Ms. germ. Fol. 474). Göppingen 1972 (GAG 73).
22. Schneider, Hermann: Die deutschen Lieder von Siegfrieds Tod. Weimar 1947.
23. Schröder, Franz Rolf: Kriemhilds Ende. In: GRM 42 (N. F. 11) 1961, S. 331f.
24. Schröder, Franz Rolf: Vom »Kupfergeschirr«. (Zur Geschichte eines Topos). In: GRM 36 (N. F. 5. 1955, S. 241f.).
25. Wisniewski, Roswitha: Die Darstellung des Niflungenuntergangs in der Thidrekssaga. Tübingen 1961 (Hermea. N. F. 9).

1 f rauw Brunhylt vnd frauw Kremhylt da zusamen | gesaßen. 1r
Ere beyder man sye nit vergaßen.
Da sprach frauw Brunhylt*: »ich han myr eynen man,
An dem dyeße rych wol sycherlich musten stan.«
2 Da sprach frauw Kremhylt: »das mocht gar wol syn,
Lebt anders nyemant dan du vnd der man dyn.
Syffert der vil kune dyr din magetum nam.
Syech her an myn hende, wo ich das wartzeychen han!«
3 »Das wartzeychen fromet dych cleyn,« sprach fraw Brunhylt.
»Es wyrt noch manchem rytter verhauwen sin schylt,
Vil manchem helden kune vorhauwen sin helm gut,
Syffert der starck wyrt dar umb vergyßen sin blut.«
4 Frauw Brunhylt ging von dan, da sye konig Gonter fant.
Sye sprach: »*her*, was woltet yr myn, da vch keyn manheyt was | bekant,
Syt Syffert der kune myr den magetum benam?
Das hat myr uwer swester verwesen; das horten frauwen | vnd man.«
5 Er sprach: »was vch myn swester Kremhylt zu leyde hat getan,
Das mag dem hylt Syffert wol an das leben gan.
Es mag sych gefugen, ich benymen im syn lyp.«
Da sprach der kune Hagen: »ee soln wyr scheyden dyß wip!«*
6 Konig Gonther vnd Hagen warn zwen degen balde,
Dye styfften eyn † gerecke † des morges vor dem walde. gejegede?
Myt yren vil scharpen garn sye wolden jagen swin,*
Bern vnd wilde dyrer. was kont freysamer gesyn?
7 Sye sprachen: »frauw Kremhylt, no lyhe vns din man!
Syffert den kunen mußen myr myt vns han. myr = wyr

1] A 758, B 812 (815), C 824, k 811.

2,1–2] Entspr. A 759, 1–2, B 813, 1–2 (816, 1–2), C 825,1–2, k 812,1–2.

2,4] Vgl. *ich erzivges mit dem golde, daz ich enhende han* A 790,2, B 844,2 (847,2), C 855,2, k 842,2.

3,1–4] Eigene Version gegenüber A 783,3–4, B 837,3–4 (840,3–4), C 848,3–4.

6] A 859, B 913 (916), C 924, -k 911.

Wyr woln faren jagen geyn Tyrolt in den walt.*
Wyr komen her wyeder schyer«, sprach der degen balde. 1v
8 Sye sprach: »Syffer*t* der kune yst myr also lyep,
Dorch nyemants wyllen so lyhen jch uch sin nit,
Wan er hat mych erlost vß engstlicher not.
Vff dem trachensteyn*, da must ich syn gelegen dot.«
9 Da sprach der kune Hagen zu der selben stonde:
»Wyr brengen jne werlich herweder schyer gesont,
Es sy dan das eyn, das jne yrre der dot.«
Hye myt so lost er syn truw; jm was der botschafft not.*
10 Syffert der kune der was hornen.*
Da stach jn syn swager* zu den schultern hynden jne
Vber eym kalden born, da er lag vnd drang.
Des gewan frauw Kremhylt manchen bosen gedang.
11 Sye namen jne also dot als sye der konig hyeß.
Sye trugen jn in dye kemenaden, da dye frauw in slyff.
Sye leyten jn yr an yren arm, das wyßet ane wan.*
No erken got von hymel, ab das nit mortlich wer gethan.
12 Da sye da erwacht, sye greyff jm an dye hant.
Sye sprach: »*her* Syffert, yst ys no icht lang,
Das du hynt weder kemt, ader wan legstu dych nieder?«
Da gab Syffert der kune yr kein antwert herweder.
13 Sye sprach: »no yst dyr nit verhauwen dyn schylt also rot
Noch ander dyn gleder. du byst ermort dot!
Nyemant yst so kune, der dyr ys hab gethan,
Er kann sych kume gefrysten, ys muß jm an das leben gan.«
14 Myt so großem jamer wart er da begraben.
Von yr großen swere kan nyemant voln sagen.
Dye konigyn Kremhylt hat da vil großes leyt,
Da von vil manchem recken wart groß schade bereyt.

8,1 syffer.

8] Vgl. Aventiurenverzeichnis m, Av. 7–9.
13,1–2] Variante zu A 953,2–3, B 1009,2–3 (1012,2–3), C 1024,2–3, k 1011,2–3.

15 d Ye in dryßig jaren nye keyn frolichen tag gewan, 2^r
Ee dan das sye da zu den Hůnen den rychen konig Etzel genam,
Noch dan claget sye sere Syffert, das wißet ane wan,
Syfferten den degen edel, yren aller liebsten man.
16 Das was da by den zytten, das frauw Herch* starb,
Vnd der konig Etzel vmb eyn ander frauwen warb.
Da ryeden jm dye synen, jn der Nebelonge lant,
Da were eyn stoltz wytwin, dye were fraw Kremhylt genant.
17 Der konig sant boden vß vber dye *Donaw her an den Ryn*
Noch der schonen frauwen, der edeln konigin.
Als sye der konig Etzel zum ersten da ersach,
Ich wen, jm by synen zyden nie so liebe geschach.
18 Als dye frauw Kremhylt kam jn das selbe lant,
Sye entphing manch degen kune vnd manch wygant.
Da wolt sye erst rechen yr aldes vngemach.
Davon manchem helden kune großer schade geschach.
19 Kremhylt dye wolgedan sant da boden vß
Vber dye Donaw zu yrs lieben bruder huß,
Das er balde keme, sye seyt jm des vmber danck,
Konig Etzel wer verscheden, sin helff wer gar kranck.*
20 Dye schonen Borgonder, dye bereyten sych da vß,
Wol myt dusent halßberg. sye ließen jn dem huß
Vyl manch schone jongfrauw, dye gesahent sie nommer mee.
Da det den kunen recken das groß jamer vil wee.
21 Dye frauwen waren jn leyde von der Nebelvnge man.
Myt helsen vnd myt kußen schyede mancher da von dan,
Dem jn hohem mude lebt da d*er* lyp.
Des must sych syt bewein manchs guts rytters wyp.

17,1 Donawer ryn. **21,3** dar.

15] Entspr. inhaltlich A 1082, B 1139 (1142), C 1157, k 1144.
16] A 1083, B 1140 (1143), C 1166, k 1153.
20] A 1463, B 1520 (1523), -(C)a 1559.
21] A 1460, B 1517 (1520), (C)a 1554.

22 Da gingen sye zu den raßen, dye konig vnd auch die man.
Man sach gar viel der frauwen truriglichen stan.
Ere vil langes beyden seyt jm* wol der mut bîten
Vff yr schyer weder komen; es ducht sie wenig gut. 2v
23 Dye stoltzen Borgonder sych da vff erhuben.
Da hub sych in den landen ein vyel mychel vben.
Beydenthalb der berg* weinten wip vnd auch dye man.
Drurig sye gebarten. dye recken scheden frolich von dan.
24 Dye stoltzen Nebelong dye foren myt jne da von dan
Myt dusent halßberg, dye hatten sye vnd yr man,
Vnd vil der schonen frauwen, dye gesahen sie nommer mee.
Sytferts wonden daden Kremhylten wee.
25 Da wyset man dye reyse dorch dye Marraw* hin dan
Vff dorch vnser frauwen lant*, dye Gonthers man.
Hagen begonde sere ylen, dem was ys wol bekant.
Danckwart was marschalck des konges vß Borgonderlant.
26 Da sye dorch Osterlant furen vnd dar kamen,
Da must man sye geleyten herlich zusamen,
Dye vil hoen forsten, yr mage vnd auch yr man.
An dem zwolfften morgen der konig zu der Donaw kam.
27 Da sprach von Borgentrych Gonther der konig her:
»Dorch uwer selbst dogent no trostent vns mer
Vnd suchet vns dye forte hyen vber das lant,
Das yr vns hin dan brenget, beyde raß vnd gewant!«
28 Da sprach von Troyen Hagen: »myn leben yst myr nit leyt,
Das ich mych wolt erdrencken in desem waßer breyt.
Es muß von mynen henden vor sterben manig man
Dort jn Etzels lande, des ich gar guden willen han.

22] A 1461, B 1521 (1524), (C)a 1557.
23] A 1462, B 1519 (1522), -(C)a 1558.
24] A 1463, B 1520 (1523), -(C)a 1559.
25] A 1464, B 1521 (1524), (C)a 1560.
26] Variante zu A 1465, -B 1522 (1525), (C)a 1561.
27] A 1469, B 1526 (1529), (C)a 1565.
28] A 1470, B 1527 (1530), (C)a 1566.

29 So blibent by dem waßer, yr stoltzen rytter gut,
So wel ich den fergen suchen hye by deser flut,
Der vns vber furet jn Gelbfryedes lant!«
Da nam der starck Hagen sin schylt vor dye hant.
30 Er was wol verwopet. den schylt er myt jm trug.
Syn helm er vff bant, ja was er licht gnug.
Da drug er jn den handen eyn waffen, das was breyt,
Das zu beyden orten hart *t*yef wol sneyt. 3r
31 Da sucht er den fergen hien vnd her dan.
Er hort eyn waßer rußchen – horchen er began –
Vß eym schonen born. Das deden wyse wip,
Dye wolden sych kulen, do baden yren herlichen lip.
32 Hagen wart yr jne vnd sleych jne gemach hien noch.
Da sye sych versmeten, zu flyehen was jne gach.
Da sye jm entronen, da warent sye jm gar her.
Er nam jn yr gewete vnd schadet jn nit mer.
33 Da sprach das eyn waßer wyp, Helborg was sie genant:
»Neyn, hylt Hagen, wyr thun dyr bekant,
Wan du degen kune vns gebest vnser wat,
Wyr sagen dyr dyße reyse, wye ys dyr zu den Hunen gat.«
34 Sye swebten als dye fogel vor jm vff der flut.
Des warnt sye in yrem syne starck und wyse gnug.
Was sye jm da seyden, des gleubet er jne da baß.
Wes er sye da fraget, schyer bescheden sye jn daß:
35 »Ere mogent vil wol ryden jn konig Etzels lant!
Ich geb vch mine truw vnd auch myne phant,

30,4 vyef.

29] A 1471, B 1528 (1531), -(C)a 1567.
30] A 1472, B 1529 (1532), -(C)a 1568.
31] A 1473, B 1530 (1533), (C)a 1569.
32] A 1474, B 1531 (1534), (C)a 1570.
33] A 1475, B 1532 (1535), -(C)a 1571.
34] A 1476, B 1533 (1536), -(C)a 1572.
35] -A 1477, -B 1534 (1537), (C)a 1573.

Das nye *hern* mene gereden in rych baß mêre
Myt also großen eren; vorware ich vch sagen das.«
36 Der rede was sych da Hagen jn dem hertzen her.
Er gab jne yre gewant vnd sumpt sych da nit mer.
Da sye da angeleyten das wonderlich gewant,
Da bescheden sye jm dye reyse recht in konig Etzels lant.
37 Dae sprach das ander waßer wip, das hyß Segelint:
»Ich wel dich war*n*en, Hagen, Adryanes kint –
Dorch der cleyder liebe hat dyr myn mom gelogen –,
Das yr zu den Hunen wert alle gar betrogen.
38 Ere solt weder keren, das yst an der zyt,
Wan yr degen kune also geladen syt,
Das yr mußet sterben jn konig Etzels lant. 3v
Welch da hyn ryden, dye fuern den dot an der hant.«
39 Da sprach von Troyen Hagen: »yr dry*e*get vns an not!
Wye mocht sych das gefugen, das wyr alle dot
Musten bliben da dorch jemantz haß?«
Da begonde sye jm dye mere aber sagen baß:
40 Da sprach aber dye eyn: »es muß also wesen,
Das joch uwer keyner dort nit mag genesen
Dan des konges capellan, das yst vns wol bekant,
Der kompt wol gesont weder jn konig Gonthers lant.«
41 »Vwe got von hymel,« sprach des Gonthers man
»Keren wyr dan weder, wye sal ys vns ergan?«
»Ere kompt zwoschen zwen berg nieder jn eyn tal,
So kompt eyn sintflut starck vnd verderbet vch alle gar.«

37,2 waren. **39,2** dryget.

36] A 1476, B 1535 (1538), (C)a 1574.
37] A 1479, B 1536 (1539), (C)a 1575.
38] A 1480, B 1537 (1540), (C)a 1576.
39] A 1481, B 1538 (1541), (C)a 1577.
40] A 1482, B 1539 (1542), (C)a 1578.
41–42] Zusatzstrophen.

42 »Waffen, got von hymel dyeser großen not!
Sollen wyr von eyner sintflut alle geligen dot?
Ee ich mych dan verderben jn ryff ader jn snee,*
Ich thvn ee in den Hunen manchem elengen* rytter wee!« elenden
43 Da sprach vß grymgem mude aber da Hagen:
»No yst ys minem hertzen* noch mogelich zu sagen,
Sollen wyr da bliben dorch yemantz niet.
No wyset mych vber das waßer, yr aller wysten wyp!«
44 »Synt das du der reyse nit wylt haben rat:
Eynhalb des waßers eyn herberg stat.
Da findestu den fergen vnd nyrgen anders woe.«
Wes er sye da fraget, des glaubet er yr da.
45 Hagen schyet von dan. Dye ein ryeff jm noch:
»Neyn, helt Hagen, laß dyr nit syn zu gach!
Erfar dye mere recht, wie du komst in das lant:
Dyeser landes *her*, der yst Elsang genant.
46 Syn bruder yst geheyßen der kune Gelfrat,
Eyn *her* jne Beyerlant; es vch komerlichen stat! 4^{r}
Wolt yr dorch sin marck, so solt yr vch bewarn
Vnd solt myt dem fergen gar bescheydelich farn.
47 Er yst grymmes muts, er lest vch nit genesen.
Ir solt by dem fergen myt guden zochten wesen.
Wel er vch furen, so gebt jm sin solt.
Er hudet hye des landes, vnd yst jm Gelfryt vil holt.
48 Kem er nit by zyt, so ruffe vber dye flut
vnd sprich, du syst Amelger. Der was eyn helt gut.

42,3 verderben] – der – *über der Zeile nachgetragen.* **42,4** in *über der Zeile nachgetragen.*

43] A 1483, B 1540 (1543), (C)a 1579.
44] -A 1484, -B 1548 (1551), (C)a 1580, k 1570.
45] -A 1485, -B 1542 (1545), (C)a 1581, k 1571.
46] A 1486, B 1543 (1546), (C)a 1582.
47] A 1487, B 1544 (1547), (C)a 1583.
48] A 1488, B 1445 (1548), (C)a 1584.

Er must vor fintschafft rumen hye das lant.
Wan er den hort nenen, so kompt der ferg zuhant.«
49 d Er vbermutig Hagen da den frauwen neygt.
Da ret er da nit mee, dan das er stylle sweyg.
Da ging er by dem waßer hoer an den sant,
Da er anderthalb eyn herberg fant.
50 Er begonde ruffen fast vber dye flut.
»Hol mych vber, ferge!« sprach der helt gut,
»So gebe ich dyr zu ba*w*ge ein myt von golde rot.
Ja yst myr der ferte, das wyße, wyrlich not.«
51 Der ferge was so rohe*, das jm keyn myt getzam.
Da von er auch vil selten kein gabe von nyemant nam,
Vnd warent syn knecht alle gar wol gemut.
Danoch stont Hagen allein hie deßhalb der flut.
52 Er begonde ruffen, das alles der wag er*do*ß,
Wan des heldes sterck was vnmoßen groß:
»No hol mych vber, ferge! ich bin des Elsargs man,
Der dorch fintschafft vß desem lande entran.«
53 Hoch an eym swert den goldes bauge er jm da bot –
Luther vnd schone was er, von golde rot –,
Das er jn vber furte jn Gelpfredes lant.
Da nam der starck ferg das ruder jn dye hant. 4v
54 No wel ich vch bescheyden, wye ys vmb den scheffman lyt:
Wer gytig yst noch gude, eyn bosen lon ys gyt.
Er wolt da verdynen das golt vnmaßen rot.
Er must von dem recken kyesen den grymen dot.

50,3 bawge, *unklare Schreibung.* **52,1** erdroß.

49| A 1489, **B** 1546 (1549), -(C)a 1585.
50| A 1490, **B** 1547 (1550), (C)a 1586.
51| A 1491, **B** 1548 (1551), (C)a 1587.
52| A 1492, **B** 1549 (1552), -(C)a 1588.
53| A 1493, **B** 1550 (1553), -(C)a 1589.
54| A 1494, **B** 1551 (1554), (C)a 1590.

55 Er zog so crefftiglichen, byß das er kam an den sant.
Den er da hort nenen vnd ⟨*er*⟩ des nit enfant,
Da ertzornt er ernstlichen, da er Hagen sach.
Wye gar zorniglichen er zu dem recken da sprach:
56 »Du magst wol sin geheyßen myt dem namen Amelrych!
Den ich da hort nenen, dem bystu nit glich.
Von vater vnd von muter was er der bruder myn.
Das du mych hast betrogen, des mustu hye genset bleben s*i*n.« jensît
57 »Das du nit sprecht,« ⟨*sprach*⟩ Hagen, »du vßerwelter degen!
Ich bin eyn fromder reck vnd han mych erwegen.
Dan nym von myr myn golt vnmaßen rot!
Ja yst myr der ferte endelichen not.«
58 Zu hant sprach der ferge: »des mag nit gesin –
Ja habent starck finde dye lieben herren myn –
Das ich jne nyemantz fremdes sal furen in das lant.
Als liep dyr sy das leben, so dryt balde vff den sant!«
59 »Des thw nit,« sprach Hagen, »ich bin vngemut!
Dan nym gar mynniglich hye von myr das gut!
Vore vber dusent raß vnd auch als manchen man!«
Da sprach der vbel ferge: »das wyrt nomer gethan!«
60 Da zockt er eyn ruder, das was starck gnug.
Hagen da von Troyen er vff sin heubt slug,
Das der degen here jn dem schyffe vil vff dye knyee.
Als keynne grymger ferge was zu Hagen komen nyee.
61 Da wolt er jne mee ertzornen, den vbermutigen gast.
Er slug vff jne so sere, das das ruder zubrast. 5r

56,4 sn.

55] A 1495, B 1552 (1555), -(C)a 1591.
56] A 1496, B 1553 (1556), (C)a 1592.
57] A 1497, B 1554 (1557), (C)a 1593.
58] A 1498, B 1555 (1558), (C)a 1594, k 1574.
59] A 1499, B 1556 (1559), -(C)a 1595.
60] A 1500, B 1557 (1560), (C)a 1596.
61] A 1501, B 1558 (1561), (C)a 1597.

Aller erst wart ertzornt des Gonthers man,
Da von der starck ferge harten großen schaden nam.
62 Hagen der vil kune greyff da zu hant
Hyen zu syner syten, da er eyn waffen fant.
Er slug jm ab das heubt vnd warff ys in den see.
Du magst wol fysch vahen, guder ferge wyrstu nommer mee!«*
63 In den selben zyden da er den fergen slug,
Das schyff ran an eyn awe, ys was jm leyt gnug.
Ee er das weder bracht, muden er began.
Da zoch da crefftiglichen Hagen, des Gonthers man.
64 Myt starcken zogen also swinde da riechts dach der gast.
Er zoch als crefftiglichen, das ruder zubrast.
Als ys was zubrachen vnd er das entpfant,
Wye gar crefftiglichen er ys weder zusamen bant
65 Myt eynem schyltrymmen, eyn syden borten smal.
Da gahet sych gein dem walde manch helt zu tal.
66 Hagen wart wol entphangen von manchem rytter gut.
Danoch swebet jm schyffe das heyß flyßen blut
Von den dyeffen wonden, dye er dem fergen slug.
Hagen von Troyen wart da gefraget gnug.
67 Also da konig Gonther den heyßen bach ersach
Sweben jn dem schyffe, no horet, wye er sprach:
»Sagent, frunt Hagen, war yst der ferge komen?
Ich focht, uwer elen hab jm den lyp gnomen.«
68 Da sprach er lugentlichen: »do ich das schyff no fant
An eyner wylden wyden, da lost ich ys myt mynner hant.
Ich hab an dyesem morgen keyn fergen nit gesehen.
So yst von myn handen keyn leyt von myr gescheen.«

62] A 1502, B 1559 (1562), (C)a 1598.
63] A 1503, B 1560 (1563), (C)a 1599.
64] -A 1504, -B 1561 (1564), fehlt (C)a.
65] A 1505,1–2, B 1562,1–2 (1565,1–2), -(C)a 1600,1–2. Z. 3–4 fehlen.
66] A 1506, B 1563 (1566), (C)a 1601.
67] A 1507, B 1564 (1567), (C)a 1602.
68] A 1508, B 1565 (1568), (C)a 1603.

69 Da sprach von Borgentrych der starcke Gernot: 5v
»No muß ich hude sorgen vff lieber frunde dot,
Synt wyr der schyffe lude nit wol mogen gehon,
Dye vns vber furen. des muß ich trurig stan.«
70 Lude ryeffe da Hagen: »tragent an das gras,
Ere knecht, uwer gerede! ja gedenck ich wol, das ich was
Der aller beste ferge, so man jn by dem Ryn fant.
Ich getruw vch wol zu brengen jn Gelpfredes lant,
71 Das wyr des da senffter komen vber dye flut.«
An slugen sye dye raß, yr swymmen wart da hart gut,
Das jne die starcken *unde* doch nye keyns genam.
Etlichs das treyb ferer, als jm sin mude zam.
72 Das schyff was vngefuge vnd auch starck gnug.
Fonff hondert ader mere ys zu mal vber trug,
Ere waffen, yr cleyder, yr spyß vber dye flut.
An rymmen musten sye zyehen, dye edeln rytter gut.
73 Sye trugen da zu schyffe yr spyse vnd yr wat,
Wan das sye der reyse nit wolden haben rat.
Hagen der wart meyster, da fuert ⟨*er*⟩ vff den sant
Manchen kunen recken da furt jn das fremde lant.
74 Zu dem ersten fuert er vber dusent rytter here,
Dar nach syn helden; danoch was hie genset mere.
Wol nune dusent knecht fuert er hyen vber vff den sant.
Des tages was vnmußig des Troyers hant.
75 Als er sye alle gesont bracht hyn vber an das lant,
Da gedacht er fromder mere, Hagen der kune wygant,

71,3 wine *schwer lesbar, über der Zeile nachgetragen.*

69] A 1509, B 1566 (1569), (C)a 1604.
70] A 1510, B 1567 (1570), (C)a 1605.
71] A 1511, B 1568 (1571), (C)a 1606.
72] (C)a 1609, k 1599, desgl. Hd, fehlt AB.
73] -A 1512, -B 1569 (1572), (C)a 1607.
74] A 1513, B 1570 (1573), (C)a 1608.
75] A 1514, B 1571 (1574), (C)a 1610.

Das jm da het gesaget das wylde waßer wyp.
Des hat des koniges capellan vorlarn nahe sin lyp.
76 By des rackes same er den paffen fant
Nahe by dem heltum, by syner rechten hant. 6r
Des mocht er nit genyßen, da jn Hagen sach.
Der gots arm pryster must lyden vngemach.
77 Er warff jne vß dem schyffe, dar nach so was jm gach.
Da ryeff er gnug: »hylff got, ach vnd ach!«
Des zornte Geyßher, da ers recht ersach.
Er wolt es nit dar vmb laßen; es was jm vngemach.
78 Da sprach von Borgentrich der starck Gernot:
»Was mag vch no gehelffen des armen cappellans dot?
Det das anders yemant, ys solt *jm* wesen leyt!
War vmb hant yr, Hagen, dem pryster wederseyt?«
79 Der paff swam genot vnd wer gern genesen,
Ab jm yemant holffe; das mocht mogelich wesen.
Hagen da von Troyen hat grymmegen mut:
E*r* stiß jne zu dem gronde; ys ducht nymmant gut.
80 Da der arm pryster der holff da nit sach,
Da must er keren da weder. erst leyt er vngemach.
Wye wol er nit swymmen kont, jm halff dye gots hant,
Das er wol gesont kam hyn vß an das lant.
81 Da stont der arm pryster vnd schawet sin wat.
Da gesach Hagen, das es solt wesen keyn rat,
Das jm da hatten geseyt dye wylden waßer wyp.
Er gedocht, dye degen kune hetten alle verlarn den lyp.

78,3 vch.   **79,4** Es.

76] A 1515, B 1572 (1575), -(C)a 1611.
77] A 1516, B 1573 (1576), (C)a 1612.
78] A 1517, B 1574 (1577), (C)a 1613.
79] A 1518, B 1575 (1578), (C)a 1614.
80] A 1519, B 1576/1579), (C)a 1615.
81] A 1520, B 1577 (1580), (C)a 1616.

82 Er hyeß das schyffe entladen vnd balde tragen von dan
Alles, das sye hetten, dye Gonthers man.
Hagen hye das schyffe zu stucken vnd warff ys in dye flu*t*.
Das nam mychel wonder manchen rytter gut.
83 »War vmb dut yr das, bruder?« also sprach Danckwart.
»Wo jn farn wyr vber, wan wyr ryden dye wederfart?«
84 Da sprach von Troyen Hagen: »ich thun ys vff den wan,
Ab wyr jn desem here keyn zagen han, 6v
Der vns wol entwichen dorch sin große not.
Der muß an dem waßer geligen lesterlich dot.«
85 a Ls der arm pryster das schyff zuhauwen sach,
Vber dye waßers flut er zu Hagen sprach:
»Du morder vngetrwe, was het ich dyr gethan,
Das du mych an schulte wolst hye erdrencket han?«
86 Da sprach von Troyen Hagen: »no laßet dye rede wesen!
Myr yst leyt vff mynr truwe, das yr sint genesen
Hye von mynen handen. ich rede ys an spot.«
Da sprach der arm pryster: »so wel ich vmber loben got!
87 No focht ich vch gar cleyn, des solt yr sycher syn.
No rydent yr zun Hunen, so wel ich an den Ryn.
Got laß dych nomer mee hyen zu dem Rin komen!
Du werst dort erstachen, du het myr nahe den lyp genomen.«
88 Sye hetten [ ] myt jne gefuert vß Borgonder lant
Eyn degen kune, was Folcker genant.
Er redet snelle vß synem mude.
Was da Hagen ye beging, das ducht Folckern gut.

82,3 -t *durch Beschnitt verloren.* **88,1** jne myt jne.

82] A 1521, B 1578 (1581), (C)a 1617.
83,1–2] A 1522,1–2, B 1579,1–2 (1582,1–2), (C)a 1618,1–2. Z. 3–4 fehlen.
84] A 1523, B 1580 (1583), (C)a 1619.
85] (C)a 1621, k 1612, desgl. Hd, fehlt AB.
86] (C)a 1622, k 1613, desgl. Hd, fehlt AB.
87] (C)a 1623, k 1614. Weitere Zusatzstrophe von (C)a fehlt Hdkn.
88] A 1524, B 1581 (1584), (C)a 1620.

89 Ere raß waren bereytet, yr seumer schon geladen.
Sye hatten an den reyßen noch vil cleinen schaden
Genomen, der sye mute dan. Des koniges cappellan,
Er must vff synen fußen weder zu dem Rin gan.
90 Als dye heren woren alle komen vff den sant.
Da sprach der konig Gonther: »wer wel vns dorch dye lant
Dye recht wege furen, das wyr icht yrre farn?«
Da sprach der fedelere: »das wel ich hart wol bewarn!«
91 »Enthalt vch,« sprach Hagen, »yr rytter vnd yr knecht!
Man sal frunden folgen, no donckt es mych recht.
Vngefuge mere dye thun ich vch bekant:
Vnser koment nit mee jn konig Gonthers lant. 7r
92 Das sagten myr zwey waßer wip hude am morgen fruw,
das wyr nit weder komen. No radent, wie wyr jm thw,
Das yr vch verwopent, helden, vch auch wol bewarent!
Wyr haben gar starcke fynde, vnd das wyr gewerlichen farent!
93 Ich wont jn lugen fynde die wylde mere wyp.
Sye sprachen, das nit weder keme vnser keins lyp
Da hyen zu vnsern landen dan des koniges cappellan.
Da von ich jn hude als gern erdrencket wolt han.«
94 Dye mere begonden erhellen zu schar hien zu schar.
Da sach man gude recken vor leyde myßefarn.
95 Da zu Noringen warent sye vber komen,
Da des landes fergen syn leben wart gnomen,
Da sprach von Troyen Hagen: »sint wyr no finde han
Verdynet vff der straßen, so werden wyr bestan.

93,1 die *über der Zeile nachgetragen.*

89] A 1525, B 1582 (1585), -(C)a 1625.
90] A 1526, B 1583 (1586), (C)a 1626.
91] A 1527, B 1584 (1587), (C)a 1627.
92] A 1528, B 1585 (1588), (C)a 1628.
93] A 1529, B 1586 (1589), (C)a 1629.
94,1–2] A 1530,1–2, B 1587,1–2 (1590,1–2), (C)a 1630,1–2. Z. 3–4 fehlen.
95] A 1531, B 1588 (1591), (C)a 1631.

96 Ja slug ich den fergen hude am morgen fruw.«
Sye wyß*t*en no dye mere. er sprach: »no gryffet zu,
Ab Gelpfred vnd Elsam vns myt stryde wolten bestan
† Vnd vnser jngesinde schaden an jm ergan! †
97 Ich weyß sye wol des mudes, sie werden ys nit lan.
Dar vmb so solt yr dye raß des da gemacher laßen gan,
Das dye lude icht wen, wyr flyegen vff den wegen.«
»Des rades wel ich folgen,« sprach Geyßelher der degen.
98 »Wer sal das gesinde furen vnd wysen dorch dye lant?«
Sye sprachen: »das sal Folcker! dem sint dye wege wol bekant.
Ja yst der degen kune vnd gar eyn krefftig man.«
Ee man syn begert, verwapent sach man jne stan,
99 Den stoltzen fedeler. den helm er vff bant.
In herlicher farbe was alles sin strytgewant.
Er fant jn dem schyffe eyn zeychen, das was rot.
Des kam er myt dem konig syt in große noit. 7v
100 Da waren dyße mere vor Gelpfreden komen. mit gewyßer botschafft
Het dye syn bruder auch hefftlich vernomen.
Das war der starck Elsam. ys was jne beyden leyt.
Sye santen noch den helden, dye waren schyer bereyt.
101 In vil kortzen stonden, wel ich vch wyßen lan,
Sye sahen zu jn ryden, dye den schaden hatten gethan,
Myt großem vrluge vnd myt großem hertzensere,
Seben hondert helden ader dannoch mere.
102 Sye wolten starcken fynden sin gereden noch.
Sye geleyten yr herren, des was jn eyn teyl zu goch.

96,2 wyßen.

96] A 1532, B 1589 (1592), C 1632.
97] A 1533, B 1590 (1593), -C 1633.
98] A 1534, B 1591 (1594), C 1634.
99] A 1535, B 1592 (1595), C 1635.
100] A 1536, B 1593 (1596), C 1636.
101] A 1537, B 1594 (1597), C 1637.
102] A 1538,1–2, B 1595,1–2 (1598,1–2), C 1638,1–2. Z. 3–4 fehlen.

103 Hagen da von Troyen, der hat geschaffet das.
Wye kont eyn eynger recke syner frunde gehuden baß?
Er befalch sye da eym vil werden man,
Danckwarten synem bruder; das was wyßlich gethan.
104 Ine was der tag zurunnen vnd hatten sin nit mere.
Sye fochten an yren finden die hertzlichen sere.
Sye reden vnder den schylden dorch das Beyerlant.
Sye worden von yren fynden da vil schyer angerant.
105 Da sprach Danckwart der kune: »man wel vns bestan!
Byndet vff dye helm, das doncket mych gut gethan!«
106 Sye hylden aber der straßen, es must also sin.
Sye s*a*hen vß der finster manchs liechten helmes schin.
Hagen da von Troyen wolt da nit get*h*agen:
»Wer jaget vns vff der straßen?« das must jm Gelpfret sagn.
107 Da sprach der margraffe vß Beyerlant:
»Wyr suchen vnser finde, dar umb sin wyr her gerant.
Ich weyß nit, wer myr myn fergen hude morgen slug.
Er was eyn hylt zun handen. ys yst myr leyt gnug.«
108 Da sprach von Troyen Hagen: »was der ferge din?«
....
109 ....
....

106,2 sehen. **106,3** getHagen. **108,1** *Nach 108,1 fehlen 4 Blätter = 8 Seiten. Wenn man die in diesem Abschnitt vorherrschenden ca. 30 Zeilen pro Seite zugrunde legt, wären das genau 60 Strophen. Da der Text mit der 1. Zeile einer Strophe endet und mit einer 3. Zeile wieder beginnt, muß der verlorene Text entweder eine Strophe mit ungerader Zeilenzahl enthalten haben, oder die Zeilenzahl der Seiten hat geschwankt.*

103] A 1539, B 1596 (1599), C 1639.
104] A 1540, B 1597 (1600), C 1640.
105] A 1541,3–4, B 1598,3–4 (1601,3–4), C 1641,3–4. Z. 1–2 fehlen.
106] A 1542, B 1599 (1602), C 1642.
107] A 1543, B 1600 (1603), C 1643.
108] A 1544, B 1601 (1604), C 1644.

Den hyeß yr vater kußen. sye stont vnd sach jn an. 12r
Er was so grymiglichen, *sye* het ys gern da gelan.
10 Danoch must sye jn koßen, wan yrs der *v*ater gebot.
Ere varbe wart vermyschet bleych vnd rot.
Sye kost auch Danckwarten, dar nach den spelman.
Dorch yr liebes elende wart das koßen gethan.
11 Dye jonge marggraffin nam by der hant
Geyßelern den jongen vß Borgonder lant.
Also det yr muter Gonther dem jongen man.
Sye ginget myt ein ander gar frolich da von dan.
12 Der wort myt Gernot ging in eynen wyden sal.
Rytter vnd frauwen gingen vff der wal.
Da schancket man den gesten den aller besten win.
Wye kont ys den recken vmber baß erboten syn.
13 Lyeplicher pleck der wart nit gethan.
Rudegers dochter wart gesehen an.
Sye trug jn dem hertzen manch rytter gut.
Das kont sye wol verdinen, sye was frolich gemut.
14 Sye gedachten, was sye wolten, es mocht aber nit gescheen.
Hyen vnd auch herweder wart sye vil angesehen
Von manchem schonen rytter; stolzer frauwen saß da gnug.
Der stoltz fedelere dem wyrt holden willen trug.
15 Noch gewonheyt schyeden sye sych da.
Rytter vnd frauwen, dye saßent anders wo.
Da recht man dye tysch jne eym sal so wyt.
Es wart jne wol erboden den starcken elenden syt.

109,4 er. **110,1** water.

109] A 1604, B 1662 (1665), C 1704.
110] A 1605, B 1663 (1666), C 1705.
111] A 1606, B 1664 (1667), -C 1706.
112] A 1607, B 1665 (1668), -C 1707.
113] A 1608, B 1666 (1669), C 1708.
114] A 1609, B 1667 (1670), C 1709.
115] A 1610, B 1668 (1671), C 1710.

116 Dye edel marggraffin kam vor dye tysch gegan
Dorch der geste liebe, so wart das gethan,
Ere dochter by den kynden, da sye da rechte saß. 12[v]
Als sye die gest nit sahen, vbel mut sye das.
117 Als sye getroncken vnd gaßen, dye *her*n vber al,
Da fuert man da dye schonen weder jn den sal.
Hoffelicher spruch, der wart da nit verdeyt.
D*er* *re*ytte da Folcker, eyn rytter kune vnd gemeyt.
118 Da sprach Folcker der degen vnd eyn spelman:
»Edeler margraffe, got hat an dyr gethan
Also vil der eren, das er dyr hat gegeben
Eyn wyp also schones vnd eyn herlich gut leben.
119 Ab ich ein konig were«, sprach der spelman,
»Vnd solt ich tragen ein cron, ich wolt sye zu wibe han,
Dyn schone dochter, des ret myr myn mut.
Sye yst mynniglichen zu sehen also gut.«
120 Das sprach der marggraffe: »wye mocht das gesin,
Das eyn konig solt muden der schonen dochter myn?
Ja ich bin elengt vnd auch hye myn wip. ellen
Was mag mych dan gehelffen der schonen jongfrauwen lip?«
121 Des antwert im da Gernot als ein bescheyden man:
»Solt ich eyn trutin noch mynen willen han,
So wolt ich solichs wibes vmber wesen fro.«
Der rede antwort Hagen hart frolich da:
122 »No sal myn *her* Gyßler dach nemen eyn wyp.
Sye yst so hoher gebort, des marggraffen wyp,

116,4 die *über der Zeile nachgetragen.* **117,4** Da rytte da.

116] A 1611, B 1669 (1672), C 1711.
117] A 1612, B 1670 (1673), C 1712.
118] A 1613, B 1671 (1674), C 1713.
119] A 1614, B 1672 (1675), C 1714.
120] B 1673 (1676), C 1715, fehlt A.
121] A 1615, B 1674 (1677), -C 1716.
122] A 1616, B 1675 (1678), C 1717.

Das ich yre gern dynen vnd myn man.
Sye sal zu Borgonden vnder der cronen gan.«
23 Dye rede ducht Rudegern vßermaßen gut,
Vnd auch Gutlinden erhoet [ ] es den mut.
Sye worben an dye gest, das er sye zu wibe nam, 13[r]
Gyseler eyn *her*, als eym forsten wol getzam.
24 Was sych dan sal syn, was mag da weder stan?
Man bat dye jongfrauwen balde zu hoffe gan.
Da gab man jm zu wybe das erentriche wip.
Da gelopt er auch zu nemen der schonen jongfrauwen lip.
25 Man stalt dye zwey gelieben da an eynen ryng,*
Noch gewonheyt zu jm manch jungeling:
*S*ye jm auch glich da entgeygen stont.
Sye dochten jn yrem synne, als nach dore dunt.
26 Man begonde fragen dye mynnigliche meyt,
Ab sye den recken wolt. eyns teyls was yr leyt,
Dach dachte sye zu nemen den mynniglichen man.
Da schamte sye sych der frage, als eyner jongfrauwen zam.
27 Ere ryet yr vater Rudeger, das sye sprech ja,
Vnd das sye jm gelobte. zuhant so was er da,
Myt synen blancken armen er sye vmbsloß.
Gyseler der *her* sin gar wenig genoß.
28 Man schyet der jongfrauwen vß borge vnd lant.
Des sychert da myt eyden des richen koniges hant
Vnd Gernolt der *her*, das es worde gethan.
Da sprach der marggraffe: »sint das ich nit borgen han,

123,2 erhoet erhoet. **125,3** Dye.

123] A 1617, B 1676 (1679), -C 1718.
124] A 1618, B 1677 (1680), -C 1719.
125] A 1621, B 1680 (1683), C 1722.
126] A 1622, B 1681 (1684), C 1723.
127] A 1623, B 1682 (1685), C 1724.
128] A 1619, B 1678 (1681), -C 1720.

129 So wel ich vch myt truwen vmber wesen holt
Vnd gebe vch zu myner dochter sylber vnd golt,
Was hondert seume*r* merst mogen getragen,
Das ys de*n* forsten m*o*ge dach zu eren behagen.«
130 Also sprach der marggraffe: »edeln konig rich,
Wan yr weder kerte, so yst gewerlich,
Heym zu den borgen, so gebe ich vch myn kint,
Das yr ys myt furent.« des gelopt er jne synt. 13v
131 Was sye freyden plagen, dye musten sye da lan.
Man bat dye jongfrauwen da zu kemnaden gan
Vnd dye gest ruwen slaffen bys an den dag.
Man bereyt jn dye kost. der wort yr dogentlich plag.
132 a Ls sye getroncken gaßen vnd dan wolten farn
Hyen zu den huͤnschen rychen, »das wel ich vch bewarn,«
Sprach der marggraffe: »ich laß vch vngern hye dan,
Wan ich lieber gest nye gewan noch gewon han.«
133 Da sprach der helt Danckwart: »wye mocht das gesin?
Wo wolt yr nemen dye lenge brot vnd wyn
Also manchen recken, als yr woltent han?«
Ene bat der marggraffe dye rede balde lan.
134 Er sprach: »vil lieben frunde, yr solt myr ys nit vorsagen.
Ich gebe ys vch williglichen zu vyrtzehen tagen
Vnd alle dem gesinde, das myt vch yst herkomen.
Myr hat der konig Etzel noch gar wenig gnomen.«

129,3 seumen. **129,4** des forsten mage.

129] A 1620, B 1679 (1682), -C 1721.
130] A 1624, B 1683 (1686), C 1725.
131] A 1625, B 1684 (1687), -C 1726.
132] A 1626, B 1685 (1688), C 1727.
133] A 1627, B 1686 (1689), -C 1728.
134] A 1628, B 1687 (1690), -C 1729.

135 Wye fast sye sych werten, sye musten da bestan
bys vff den verden morgen. da wart jne schon gethan
Von des worts mylte, das man vns ferrer seyt. wort = wirt
Er gab synen gesten harnesch vnd cleyt.
136 Ee die edeln gest kamen vor das thor,
Vyel gesatelter raße fonden sye da vor.
Manch from recken forten schylde vor der hant.
Da myt so wolten sye ryden jne konig Etzles lant.
137 Ee sye woren komen vor den sale,
Rudeger der mylte bot da vber ale.
Er kont so wyrdiglichen noch synen eren leben.
Gyseler dem jongen hat er syn dochter geben. 14^{r}
138 Da gab er Gonthern, dem degen lobelich,
Das er drug myt eren, der edel konig rich,
Wye er kein gabe entphing, eyn woffelich gewant.
Des neyget sych *her* Gonther des mylten Rudegers hant.
139 Da gab er Gernoten eyn wapen lobelich.
Das trug er syt jn stormen hart herlich.
Der gabe jm vil wol gonde des marggrauen wyp.
Da myt verlor syt Rudeger jn dem stryde syn lyp.
140 Dye marggraffin gab Hagen, das yr vil wol getzam,
Eyn mynniglich gabe, dye wol eyn konig nam,
Das er an yr stuer worde rytter zu der hochtzit,
Ee das er dan schyede; da wyderret er ys syt.
141 »Was ich hye han gesehen,« also sprach Hagen,
»So ger ich nit zu furen noch von hine zu tragen
Wan hyen schylt gut, der da hangt an der want.
Den wel ich myt myr furen in konig Etzles lant.«

135] A 1629, B 1688 (1691), -C 1730.
136] -A 1631, -B 1690 (1693), C 1732.
137] A 1632, B 1691 (1694), C 1733.
138] -A 1634, -B 1692 (1695), C 1734.
139] A 1633, B 1693 (1696), C 1735.
140] A 1635, B 1694 (1697), C 1736.
141] A 1636, B 1695 (1698), -C 1737.

142 Dye edel marggraffin truren da began
Vnd begonde vil heyß wein, dye frauw so wolgetan.
Er ermant sye also dure an *Nudonges* dot.
Den erslug yr Wytdich, da von so hat sye groß not.
143 Sye sprach zu dem recken: »ich wel dyr jne gern geben.
Woltt got von hymmel, das er nach solt leben,
Der jne trug vorn hand*en* vnd lag in stormen dot!
Des muß ich arme weynen vnd dut myr sycher not.«
144 Vff stont dye marggraffin von der sedel hin dan.
Myt yr wyßen hende sye den schylt nam.
Sye trug jne her vor Hagen vnd bot jm denn zur hant. 14v
Dye gabe was an dem recken wol bewant.
145 Eyn hulff*t* von golde rot oben an dem schylt lag –
Nye keyn beßer geluchte ye keyn tag –
Von dem edeln gesteyn. das er hat begert.
Zu kauffen an der kost was er dusent marck wert.
146 Hagen da von Troyen hyß den schylt tragen von dan.
Danckwart der snel wolt da zu hoff gan.
Dem gab so rych cleyder des marggrauen kint,
Dye er da trug myt eren zu den Hunen sint.
147 Was der rychen gabe wart von jne genomen,
Der were nye kein in yr keyns hant bekomen,
Wan dorch des worts lieb, ders jne so wol erbot.
Syt worden sye jm so fint, das sye jne slugen dot.
148 Vff stont der fedeler Folcker, der spelman.
Er ging getzogentlichen vor Gutlingen stan.

142,3 Nudonges] rudigers. **143,3** handern. **145,1** hulff.

142] A 1637, B 1696 (1699), C 1738.
143] A 1637, B 1697 (1700), C 1739.
144] A 1639, B 1698 (1701), C 1740.
145] A 1640, B 1699 (1702), -C 1741.
146] A 1641, B 1700 (1703), C 1742.
147] A 1642, B 1701 (1704), C 1743.
148] A 1643, B 1702 (1705), C 1744.

Er streych yr suße done vnd sang yr sine lyet.
Da myt nam er vrlap, da er von Bechelar schyet.

49 Dye edel marggraffin hyß ein laden her tragen.
Von mynniglicher gabe moget yr horen sagen.
Dar vß nam sye sechs spangen vnd gabs jm in die hant:
»Dye saltu dorch mynt willen furen in konig Etzels lant.

50 Du salt ys dorch myn willen da zu hoffe tragen.
Wan du herweder kerest, das man myr dan konde gesagen,
Wye du myr hast gedint da zu der hochtzyt.«
Was er yr gelobet, vil wol leyst er ys syt.

51 Da sprach der wort des hußes: »yr solt da senffter farn.
Ich wel uch selbst behuden vnd geleyten myt den scharn,
Das vch nyemant vff der straßen kan geschaden.« 15r
Da worden sin wagen vil schyer da geladen.

52 Myt jm worden bereyt fonff hondert man.
Myt raßen vnd myt cleydern schyeden sye von dan
Vil wol vnd hoch myt freuden zu der hochtzyt,
Der auch myt dem leben kam keyner gein Bechelar syt.

53 Dye fenster allenthalben worden vff gestan.
Da wart der marggraffe vor dye borg gelan.
Ich wen yr hertz seyt in dye vngefugen leyt:
Da weynet manch fraw vnd keyserlich meyt.

54 Myt helßen vnd myt koßen Rudeger von dan schyet.
Also det auch Gyseler, als jm syn elen ryet.
Myt vmbslaßen armen trut er yren schonen lyp.
Des wart sych sint beweyn manches rytters wip.

153,3 syt.

149] A 1644, B 1703 (1706), C 1745.
150] A 1645, B 1704 (1707), C 1746.
151] A 1646, B 1705 (1708), -C 1747.
152] A 1647, B 1706 (1709), -C 1748.
153] A 1649, B 1708 (1711), -C 1750.
154] A 1648, B 1707 (1711), C 1749.

155 s ye hatten noch yren frunden vil groß sere,
Dye sye vorbaß zu Bechelar gesahen nommer mere
Sye ryeden myt den frunden frolich vber den sant
Zu tale vber dye Donaw in das hunsch lant.

156 Da sprach der marggraffe: »no sollen wyr nit betagen,
Wyr sollen vnser mere allenthalben sagen,
Das wyr zu den Hunen ryden, das soln ⟨*wyr*⟩ allenthalben veriehen.
So kan dem konig Etzel liebers nit gescheen.«

157 Der bode by Osterich dye Donaw zu tale reyt.
Den luden allenthalben man dye mer seyt,
Das dye hern kamen von Wormeß vber Ryn.
Konig Etzels gesinde konde nit liebers gesin.

158 Dye boden vor stryechen myt den starcken meren,
Das dye Nebelongen zu den Hunen komen weren. 15v
Da sprach konig Etzel: »Kremhylt, frawe myn,
Da komen myt großen eren dye lieben bruder dyn!«

159 Da ging dye schone Kremhylt zu eym fenster zu stont.
Da wart sye noch frunden, als frunde noch dont.
Vß yrs vater lande sach sye vyl manchen werden man.
Konig Etzel der rych fast lachen began.

160 »Wol myr myner mage,« sprach sych Kremhylt.
»Myr brengen myn bruder vil manchen nuwen schylt,
Halßberg wyß; wer wel verdynen solt,
Der gedenck an myn leyt! dem wel ich vmber wesen holt.«

161 Als dye Nebelonge waren komen jn das lant,
Dye mere hort von Bern meinster Hylbrant.
Er seyt ys synem *her*n, ys was jne beyden leyt.
»No sal man schon enphaen dye stoltzen rytter gemeyt!«

155] A 1650, B 1709 (1712), -C 1751.
156] Variante zu A 1651, B 1710 (1713), C 1752, k 1743.
157] -A 1652, -B 1711 (1714), C 1753.
158] A 1653, B 1712 (1715), -C 1754.
159] A 1654, B 1713 (1716), -C 1755.
160] A 1655, B 1714 (1717), -C 1756.
161] -A 1656, -B 1715 (1718), C 1758.

162 Da erbeysten dye *her*n zu den Hunen vff das felt*
Vnd slugen vff so balde manch woniglich getzelt.
Dye baner steckten sye hoch, die waren von golde rot.
Sye wosten nicht dye mere, das jne as nahe was der dot.
163 Da ging dye frauw Kremhelt an ein fenster stan.
Sye sach vff dem gefylde vil manchen werden man.
Des frauwet sych ⟨*in*⟩ yr gemude Kremhylt das edel wyp.
Sye sprach: »erst wyrt gerachen des starcken Syferts lip,
164 Der myr jn dem walde zu dode wart erslagen.
Ich kan jne bys an myn ende nommer mene verclagen.
Wee myr sins libes, das ich jne ye gewan!
Es lag an frawen armen nye so dogenthaffter man.
165 Wan ich dar an gedencken, wye er von myr reyt
Myt synem gesonden libe, so meret sych myn leyt.« 16^{r}
Sye begonde heyß weinen, yr augen worden yr naß.
»Wer wel myr das verkeren, ab ich dar vmb trage haß?«
166 *Her* Dyttherich von Bern, der wolt zu hoffe gan,
Myt jm sin man vnd Hylbrant so wol gethan.
Als er dye konigin als weynen sach,
Gern mocht yr horen, wye der edel forst sprach:
167 »Wye weinet yr so sere, edels forsten wyp?
Vnd yr hant vß gesant in den landen wyt,
Vil fere in dye lant noch manchem werden man,
Vnd man vch hye siecht weynen, das stet vch vbel an!«
168 »Ich mane vch aller truwe, von Bern vnd Hylbrant,
Ab yr ye gabe entphingt von myner geben hant,
So recht mych an Hagen, der myr Sybferden erslug!
Ja han ich von dem selben großes hertzen leyts gnug.«

168,4 ich *über der Zeile nachgetragen.*

162,1ff.] Es folgen 18 Zusatzstrophen, die inhaltlich weitgehend dem 23 Strophen umfassenden Einschub in der Hs. b (vgl. unten S. 150f.) entsprechen.
162–165] Einschub in b Str. 1–3.
167] Einschub in b Str. 7.
168] Einschub in b Str. 8.

169 »So wolt yr rechen uwern alden niet,
Vnd wolt sere swechen uwer selbst hochtzit!
Neyn, konigin, no laße dye rede stan!
† Ich rech Sytferden mene zu rume dan alles das ich han. †«
170 Also sprach sych der von Bern zu dem alden Hylbrant:
»Rydent zu den konigen vß Borgonder lant
Vnd heyßent sye dußen bliben nit mene dan desen tag,
So wel ich jne raden des besten, das ich mag!«
171 Vff so saß der mylte, der alde Hylbrant.
Da reyt er also balde, da er dye konige fant.
Er drat von dem raß vnd lyeß sych vff dye knie.
Dye hern von dem Ryne jne gar togentlich entphie.*
172 »Synt got wilkom, *her* Gonther vnd auch *her* Gernot, 16v
Gyseler der jonge, myn *her* vch sin dynst enbot
Vnd byt vch hye vßen bliben nit mene dan desen dag,
So wel er vch dan raden das aller best, das er mag.
173 Er hat vch auch enboden, als liep als vch das leben sy,
Das yr vff der Donaw laßent sin uwer herberg fry.
Komet yr hin jn, yr sint an were.
Ere must alle verborn, vnd were uwer eyn gantzes her.
174 Es yst gebuwen myt sueln, dye sint alles hol.*
Myt swebel vnd myt bech sint sye alles vol,
Daz wel man anzonden, yr hylden lobesam.
Da solt yr vch vor huden, myn *her* vch alles guden gan.«
175 Da sprach von Borgentrich der starcke Gernot:
»Wel vns also verleyden myn swester in den dot
Dorch al*den* haß willen als dorch kein falschen rat,
Es yst eyn groß untruwe, die got nit vngerachen lat.«

175,3 alden] alles.

169] Entspricht inhaltlich Einschub in b Str. 9.
170] Einschub in b Str. 10.
171] Einschub in b, Str. 11.
172] Einschub in b, Str. 12, 1–3 und 13, 3–4.
173] Einschub in b, Str. 15.
174] Einschub in b, Str. 16.
175] Einschub in b, Str. 19, 1–2.

176 Da sprach von Borgentrich der jonge Gyseler:
»Man fyndet vns zu den Hunen selden an wer.
Wyr slagen dyeff wonden myt elenthaffter hant,
Das ys alle dye muß geruwen, die noch vns han gesant.«*
177 Hylbrant der alde wolt von dan gan.
Gyseler der jong bat jne stylle stan.
Er gab jm ein raß so schone, das jne zu eren trug.
Vmb dryßig marcke goldes hat er dar an phan*des* gnug.
178 Dar vff saß der mylde der alde Hylbrant.
Da reyt er also balde, da er syn *hern* fant.
»Schauwet, lieber *her*, ein forst wol gethan:
Das raß gab myr Gyseler, da ich wolt von dan.«
179 »Das yst ein gabe rych,« sprach *her* Dyttherich. 17[r]
»No get zu den raßen, myn hylden lobelich,
Das wyr schon entphaen dye konig vnd yr man!
Vff myne truwe, ys doncket mych erlich gethan.«
180 Wolffart der snel hyeß zyehen dar dye marck.
Da reyt myt her Dyttherich manch hylt starck.
Sye ryeden zu den konigen vff ein wydes felt.
Sye hatten vff geslagen manch herlich getzelt.
181 ⟨*Da*⟩ vOn Troien Hagen sye zum ersten ersach,
Zu sym *her*n der hylt vil balde da sprach:
»No solt yr snellen degen von den setteln stan
Vnd get hin gein den helden, die vch woln hie enphan!
182 Dort her kompt eyn gesinde, das yst myr wol bekant:
Es sint vil snel degen von Amelonges lant.

177,4 phan.

176] Entspricht inhaltlich Einschub in b, Str. 20.
177] Einschub in b, Str. 22.
178] Einschub in b, Str. 23.
180] A 1657, B 1715 (1718), C 1758.
181] -A 1658, -B 1717 (1720), C 1760.
182] A 1659, B 1718 (1721), C 1761.

Dye vort der von Bern; sye sint vil hoch gemudt.
Ere solt ys jne wol byeden, das rade ich,« sprach der degen gut.

183 Da stonden sye von den raßen – das was yr mychel recht –
Nyeder myt *her* Dyttherich manch rytter vnd knecht.
Sye gingen von den gesten, da man dye helden fant.
Sye grusten mynniglichen dye *hern* vß Borgonder lant.

184 Da sye *her* Dyttherich zu jm komen sach,
Beyde lieb vnd leyt jm da geschach.
Er wyest wol dye mere; dye reyse dye was jm leyt.
Er wont, yß wyset Rudeger vnd het ys jne vorgeseyt.

185 »Synt gotwylkom, herre Gonther, Gernolt vnd Gyseler,
Hagen vnd Danckwart *vnd a*lsam Folcker
Vnd alles uwer gesinde an Syffert, der yst dot!
Den weynet frauw Cremhylt nach in engstlicher not.«

186 »Sye magk vil weynen!« sprach da Hagen.
»Er lyt vor manchen jaren zu dode erslagen.
Den konig von den Hunen, den sye gnomen hat,
Dem sal sye no lieben. Syffert so balde nit erstat.«

187 »Syfferts wonden laßen wyr no hye stan.
Erlebet ys fraw Cremhylt, ys mag wol schaden ergan.
Sye budet das rode golt, Hagen, vber dich,
Drost *der* Nebelonge, vnd da vor hude auch dich!«

188 »Wye sal ich baß gehuden, dan wan ys wesen sal?
Ere rytter vnd yr knecht, no fechtent alle wol!

185,2 von elsam folcker. **187,4** dye.

183] A 1660, B 1719 (1722), C 1762.
184] -A 1661, -B 1720 (1723), C 1763.
185] -A 1662, -B 1721 (1724), C 1764, -k 1755.
186] -A 1663, -B 1722 (1725), C 1765.
187] A 1664, B 1723 (1726), C 1766.
188,1] -A 1665,1, -B 1724,1 (1727,1), -C 1767,1.
188–188,1] Nur n.

Dragent dye liechten wopen myt vch vor den dysch!
Dye kamern zu den Hunen sint vch leyder vngewyß.«
189 d A sprach von Borgentrich Gonther, der konig here:
»Konig Etzel noch myr sant, wes solt ich fragen mer?
Ich bin dorch alle trw komen in sin lant.
So hat auch myr myn swester manchen boden gesant.«
190 »Ich wolt vch vil wol raden,« also sprach Hagen:
»Ere bedent *her* Dytterich vch dye mere baß sagen,
Den hern da von Bern vnd sin rytter gut,
Was jm sy zu wyßen vmb der konigin mut.«
191 Da draden an eyn gespreche dye dry konig rych,
Gonther vnd Gernot vnd her Dyttherich.
»Sagent an, vogt von Bern, eyn forst hochgemut,
Was yst vch zu wyßen vmb der konigen gut?«
192 Da sprach der vogt von Bern: »was sal ich vch sagen,
Wan alle morgen fruw weinen vnd clagen
Hore ich jemerlich des konig Etzels wip
Dem rychen got von hymel des starcken Syfferts lip?«
193 »Es yst noch vnuerdawet,« sprach der spelman, 18r
Volcker der vil kune, »als ich vernomen han.
Wyr sollen zu hoffe ryden vnd sollen das besehen,
was vns snellen degen hye zu den Hunen sal gescheen.«
194 Da sprach von Borgentrich der konig rich vnd here:
»Horent, myn lieben frunde, vnd folgent myner lere:
No sollen wyr an den eren zu den Hunen nit vertzagen.
Es mag uwer yglicher sebenhande cleyder wol tragen.«
195 Da sprach von Troyen Hagen: »das eyn [ ], das lege ich an,
Aber dorch der konigin willen geben ichs keym spelman.«

195,1 das eyn das eyn.

189,2–4] -A 1665,2–4, -B 1724,2–4 (1727,2–4), C 1767,2–4.
190] A 1666, B 1725 (1728), C 1768.
191] A 1667, B 1726 (1729), C 1769.
192] A 1668, B 1727 (1730), C 1770.
193] -A 1669, -B 1628 (1631), C 1771.
194–198] Zusatzstrophen.

An leyt er eyne brunigen wyt vnd lang,
Dar vber eyn liechten halßberg, er hat eyn herlichen gang.
196 »No farent gar gefuge,« sprach der spelmann,*
»Byß ich mych baß bereyden. ich han zu wenig an.«
Da leyt der fedelere an dye ringe syn.
Er sprach: »ich sorge no cleyn, muß ich in noden hye sin.«
197 Er leyt an den zyden an eyn rack herlich vnd rych.
Da ging er vor den konigin also fintlich.
Da sprachen da dye Hunen: »luge, wer yst der?
Es yst eyn fedelere! welcher duffel trug jne her?
198 No geht er eynem spelman, das weyß got, nit glich!
Stonden jm auch dye augen so hart fintlich,
Ab auch jne sin muter jm walde habe ertzogen.*
Got muß vns hye behuden vor synem fedelbogen!«
199 d ye kunen Borgonder hye*n* zu hoffe rieden.
Sye kamen herlich noch yrs landes sieden.
Da wondert da dye Hunen vil manchen kunen man
Vmb Hagen von Troyen, wye der were gethan,
200 Das sye jne mochten sehen vil gnug, 18v
Den der vß Nyederlande Sylfferden erslug,
Eyn hylt zu synen handen. des er sere entgalt,
Das dye frauw Cremhylt dye schonen Brunhylten schalt.
201 Ere was wol gewaßen, das yst endelich war.
Wyt was er zu den brusten, gemyschet was jm sin har
In eyner grysen farbe. dye beyn warn jm lang.
Zorniglich was sin gesiecht; er hat ein herlichen gang.
202 Da hyeß man herbergen manchen kunen man.
Das gesinde von Borgonden wart sonder gethan.

199,1 hye.

199] A 1670, B 1629 (1632), C 1772.
200] -A 1671, -B 1730 (1733), -C 1773.
201] A 1672, B 1731 (1734), C 1774.
202] A 1673, B 1732 (1735), C 1775.

Da*s* ryet dye konigin, dye yren argen willen trug.
Da von man syt dye knecht an den herbergen slug.
203 Danckwart, Hagens bruder, der was marschalck.
Der konig jm syn gesinde gar flyßlich entplagk,
Das er yr folliglichen myt spyse solt plegen.
Das det getruwelichen der selbe kune degen.
204 Kremhylt dye konigin myt yrem gesinde ging,
Da sye dye Nebelonge in falschem mude entphing.
Sye kost Gyselern vnd nam ene by der hant.
Als das ersach Hagen, sin helm er fest vff bant.
205 »Myt solichem gruß,« sprach Hagen der vßerwegen,
»Ere solt vch baß bedencken, yr vil snellen degen.
M*an* grußet hye besonder konige vnd nit yr man!
Wyr hant nit gude reyse her zu den Hunen getan.«
206 »No sint dem gotwilkom, der vch gern siecht.
Dorch uwer selbst fruntschafft gruße ich vch werlich nicht.
Saget an, was yr brenget von Wormß vber Ryn,
Dar vmb yr myr so großlich sollent wylkom syn?«
207 »Het ich gewyßt dye mere,« sprach da Hagen, 19^{r}
»Das vch solten brengen mere solich snelle degen,
Ich were wol so rych, het ich mychs vor bedacht,
Das ich vch myn gabe het her zu den Hunen bracht.«
208 »No sollet yr mych der mere mene hye wyßen lan:
Den hort der Nebelong, war hant yr den gethan?
Der was dach ye myn eygen, das yst vch wol erkant.
Den solt yr myr gefuret han her jn konig Etzels lant.«

202,3 Da. **205,3** Man] Myr.

203] -A 1674, -B 1733 (1736), C 1776.
204] -A 1675, -B 1734 (1737), C 1777.
205] A 1676, B 1735 (1738), C 1778.
206] A 1677, B 1736 (1739), C 1779.
207] -A 1678, -B 1737 (1740), C 1780.
208] A 1679, B 1738 (1741), C 1781.

209 »Eyntruwen, frauw Cremhylt, das yst vil manch tag,
Das ich der Nebelong hort nye nicht geplag.
Den hyß myn *her* sencken jn den wilden Rine.
Dar jn muß er werlich vmber an ende syn.«
210 Da sprach dye konigin: »ich han ys auch ee gedacht.
Myr yst sin auch hert clein her zu lande bracht,
Wye er myn eygen were vnd ich sins wi*len* plag.
Noch jm vnd noch synem *her*n han ich manchen leydegen tag.
211 Sage du myr, Hagen, du vngetruwer man:
Den schatz der Nebelonge, war hastu den gethan?
Eyn mort vnd zwen raube, die hastu myr gnomen.
Der mag ich gots arme zu gudem gelt hye wol komen.«
212 »Das yst eyn verlorn erbeyt,« sprach aber Hagen.
»Wye mocht ich vch gebrengen, ich hat dach vil zu tragen
An halßberg vnd an schylt vnd an mym helm gut.
Myn swert brengen ich uch nit, in myner hant sol ys sin behut.«
213 d ye frauwe hyß da konden vber ale,
Das nyemant solt tragen kein woffen in den sal.
»Ere solt myr ys geben, ich wel ys behalden lan.«
»Endruwen,« sprach da Hagen, »das wyrt nommer gethan.
214 Ich het des nit ere, forsten mylte,
Das yr zu herberge truget myn eygen schylt 19v
Vnd ander myne woffen. yr sint eyn konigin.
Des leret mych myn vater nit! ich wel selber kemerere sin.«
215 »Vwe der leydegen mere,« sprach da Cremhylt.
»War vmb wel myn bruder vnd Hagen sin schylt

210,3 willes.

209] A 1680, B 1739 (1742), C 1782.
210] -A 1681, -B 1740 (1743), C 1783.
211] Zusatzstrophe. 211,1–2 vgl. 208,1–2 (Kontamination).
212] -A 1682, -B 1741 (1744), C 1784.
213] -A 1683, -B 1742 (1745), C 1786.
214] A 1684, B 1743 (1746), C 1787.
215] -A 1685, -B 1744 (1747), C 1788.

Von jm nit laßen? sye sint gewarnot,
Vnd wost ich, wer ys hette gethan, er must liden den dot.«
216 Des antwort yr in zorn von Bern *her* Dytterich:
»Ich bin ys, der da hat gewarnet dye konig rych
Vnd Hagen den starcken, den borgondeschen man.
No dar, du falendin, du salt ys mych nit genißen lan!«
217 Des schamet sych vil sere des konig Etzels wip.
Sye focht bytterlichen des Dytterichs lyp.
Da ging sye von jm dane, das er nit mene sprach,
Wan das sye swinde pleck an yr finde sach.
218 Bey den henden eyn ander fingent dye zwen degen.
Das ein was *her* Dytterich, das ander Hagen vnuerwegen.
Da sprach getzogentlichen der recke wol gemeyt:
»Vwer komen zu den Hunen yst myr jnniglichen leyt.«
219 Da stonden by ein ander dye *her*n lobelich,
Hagen von Troyen vnd *her* Dytterich,
Dar zu manch rytter gar wol gethan.
Das sach der konig Etzel. fragen er began:
220 »Dye mere wyst ich gern,« sprach der konig rych,
»Wer gener recke were, den *her* Dytterich
So fruntlich entphaet – er tragt jm holden mut –,
Wer sin vater were. er mag wol sin ein reck gut.«
221 Des antwert da dem konig eyner Cremhylten man:
»Er yst geborn von Troyen, sin vater hyeß Adryan.
Wye er hye gebaret, er yst eyn grymmig man. 20r
Ich laß vch wol beschauwen, das ich nit gelogen han.«
222 »Wye sal ich das erkennen, das er so grymmig yst?«
Danoch enwost nit der konig Cremhylten lyst,

216] A 1686, B 1745 (1748), C 1789.
217] A 1687, B 1746 (1749), C 1790.
218] A 1688, B 1747 (1750), C 1791.
219] -A 1689, -B 1748 (1751), C 1792.
220] A 1690, B 1749 (1752), C 1793.
221] A 1691, B 1750 (1753), C 1794.
222] Variante zu A 1692, B 1751 (1754), C 1795.

Vil manchen argen lyst, den da hat dye konigin.
Sye musten alle verlyesen yr leben vnd lyden pin.

223 »Wol erkant ich Adryan, wan er was myn man.
Liebe vnd mychel ere er by myr gewan.
Ich macht jne zu rytter vnd gab jm myn golt.
Herche dye getruw was jm jniglichen holt.

224 Davon ich wol bekene alles Hagen gesinde.
Es worden *myne gyseln* zwey we*tl*ich kinde.
Ere vnd von Spangen Walther wo*chsen*t hye ze man.
Hagen sant ich hynweder, Walther myt Hyltegunt entran.

225 Er gedacht langer mere, dye ee worent gescheen.
Syn frunt von Troyen, den het er gar gern gesehen,
Der jm jn syner jogent so starcken dinst erbot.
Synt frompt er eme in sinen alter gar manchen frunt zu dot.

226 Da scheden sych dye zwene recken da lobelich,
Hagen von Troyen vnd von Bern her Dytterich.
Da bleckt er vber dye achßel, der *Gontheres* man,
Noch eynem heren geseln, den er vil schyer da gewan.

227 Er sach den fedeler by Gyselern stan;
Volckern den vil kunen bat er myt jm gan,
Wan er vil wol erkant den synen grymmen mut.
Er was in allen dogenden eyn rytter kune vnd gut.

228 Dach ließen sye dye hern vff dem hoff stan.
Eynig dye zwene hylden sach man dan gan
Vber den hoff vil fere vor eyn palast, der was wyt. 20v
Dye vßerwelten beyde dye fochten nyemants lip.

224,2 nye gesellen. weltlich. **224,3** woschet. **226,3** gude heres.

223] -A 1693, B 1752 (1755), C 1796.
224] A 1694, B 1753 (1756), C 1797.
225] A 1695, B 1754 (1757), C 1798.
226] A 1696, B 1755 (1758), C 1799.
227] -A 1697, -B 1756 (1759), C 1800.
228] -A 1698, -B 1757 (1760), C 1801.

29 Sye saßen vor dem huse gegen eynem sal,
Der was fraw Cremhylten, vff ein banck zu tal.
Es lucht von yrem libe yr herlich gewant.
Alle dye sye sahen, hetten dye recken gern bekant.

30 Glich als dye wilden thyer worden sye gegaffet an,
Dye vbermudegin helden, von manchem stoltzen man.
Da ersach sye dorch ein fenster des konigs Etzels wyp.
Des wart da sere betruwet yr vngetruwer lip.

31 Es ermant sye yrs leydes; weynen sye began.
Des hat da mychel wonder des konig Etzels man,
Was yr hat betrubet so snellich den eren mut.
Sye sprach: »das hat Hagen, yr hylden kune vnd gut.«

32 »Wyr han vch nuling so trurig nye gesehen,«
Sye sprachen, »fraw edel, wye yst vch gescheen?
Nymant yst so kune, der ys habe gethan,
Heyßet yr vns ys rechen, ys sal jm an sin leben gan.«

33 »Dem wolt ich vmber dynnen, der myr holff rechen myn leyt!
Alles, das er wolt, must jm syn bereyt.
Ich bude vch mych zu fußen,« sprach des konges wip.
»Rechent yr mych an Hagen, das er ve*r*lyeß sin lip.«

34 d O wopenten sych vil balde wol sechtzig kuner man.
Dorch der frauwen lieb s*ye* wolden da hine gan
Vnd wolten slagen Hagen, den vil kunen man
Vnd auch den fedelere; das was myt rade gethan.

35 Da dye konigin yr schare da so clein sach,
In eynem grymen mude sye zu den helden sprach:

233,4 velyeß. **234,2** so.

229] A 1699, B 1758 (1761), C 1802.
230] A 1700, B 1759 (1762), C 1803.
231] -A 1701, -B 1760 (1763), C 1804.
232] -A 1702, -B 1761 (1764), C 1805.
233] A 1703, B 1762 (1765), C 1806.
234] -A 1704, -B 1763 (1766), C 1807.
235] A 1705, B 1764 (1766), C 1808. Die in ABC anschließende Strophe fehlt auch in k.

»Des yr hant gedinge, des solt yr abe gan! 21r
Ja bedorffet yr so geringe Hagen nommer bestan.«
236 Da sye das erhorten, da wapenden sych yr mer:
Druw hondert sneller recken. dye kongin her
Was des vil gemeyt, das sye rachen yr leyt.
Da von den kunen degen viel arbet was bereyt.
237 d A sye no wol verwopent yr gesinde sach,
Zu den snellen recken dye konigin sprach:
»No beydent eyn wile, yr solt nach stylle stan.
Ich wel vnder myner crone myt vch zu myn finden gan
238 Vnd wel vch laßen horen, was er myr hat gethan,
Hagen da von Troyen da, des Gonthers man.
Er yst so vbermutig, das er sin leucket nicht.
So yst myr auch nit vnmer, was jm dar vmb geschycht.«
239 Da bleckt gegen dem huse Folcker der spelman.
Er sach dye konigin eyner stegen ab gan
Nyeder zu den erden. als er das ersach,
Der vil werde recke zu synen gesellen sprach:
240 »Syech, frunt Hagen, wye sye dort here gat,
Dye vns an truwe zu huse geladen hat.
Ich sach myt des konges wibe neygen so manchen man,
Dye da schylt tragen vor den handen vnd also fintlich stan.
241 Sage, frunt Hagen, ab sye vch sye gehaß,
So solt yr vch huden, in truwen rade ich vch das,
Des libes vnd der eren; das doncket mych vil gut.
Mych donckt in mynnen synnen, sye sy gar zornig gemut.
242 Ja yst yr etlicher zu den brusten also wyt,
Wer jm ycht entsetz, der h*u*t in der zyt!*

242,2 hat.

236] -A 1707, -B 1766 (1769), C 1810.
237] -A 1708, -B 1767 (1770), C 1811.
238] A 1709, B 1768 (1771), -C 1812.
239] A 1710, B 1769 (1772), C 1813.
240] A 1711, B 1770 (1773), C 1814.
241] A 1712, B 1771 (1774), C 1815.
242] Variante zu A 1713, B 1772 (1775), C 1816.

Wye sye dye scharpen woffen an der syten tragen!
Was sye da myt meynen, das kan ich nyemant gesagen.«
243 Des antwort jm da Hagen des Gonthers man: 21v
»Es yst myr wol zu wyßen, ys yst vff mych gethan,
Wye sye dye scharpen wopen furen in der hant.
Vor den wolt ych wol ryden heym in das Borgonder lant!
244 No sage myr, Folcker, wiltu myr by gestan,
Ab mych dye hunschen recken stryts nit wolten erlan?
Das saltu myr sagen, als liep ich dyr sy.
Des wel ich vmber mene vmb dich verdinen sy.«*
245 »Ich helff dyr sycherlich,« sprach der spelman.
»Sehe ich den konig selber vnder der cron gan,«
Sprach der fedeler, »dye wile ich leben muß,
So wel ich nit entwichen vmb eyn eingen fuß.«
246 »Des lon dyr got von hymel, edeler Folcker!«
»Zu allen mynen noden darff ich nyemantz mer.
Synt das du myr wilt helffen, vnd ich das han vernomen,
So mogen hye dye Hunen gar vngewerlich von myr komen.«
247 *h* Agen der kune leyt da vber sin beyn
Baldong, ein gut swert, da vß dem knop schein
Eyn vil liechte aspe, grune als eyn graß. iaspis ABC
Da by bekant ys Cremhylt, das ys Sytferts was.
248 Als sye das swert an blyckt, truren det yr not.
Das gehyltz was gulden, dye scheyden ein syden bort rot.
Es ermant sye yrs leydes; weynen sye began.
Der vbermutig Hagen hat ys dar vmb gethan.

247,1 dAgen (-gen *über der Zeile nachgetragen*).

243] A 1714, B 1773 (1776), C 1817.
244] A 1715, B 1774 (1777), C 1818.
245] A 1716, B 1775 (1778), C 1819.
246] A 1717, B 1776 (1779), C 1820.
247] A 1721, B 1780 (1783), C 1824.
248] A 1722, B 1781 (1784), C 1825.

249 Folcker der fedeler zogkt vff by der banck
Eynen fedelbogen scharp vnd lang,
Glych eynem guden swert, als wyr vernomen han.
Myt dem fedelbogen wart manches ende gethan.
250 Da sprach der fedeler, Folcker der spelman: 22r
»No soln wyr snellen recken von dem gestule gan
Vnd soln yr byeden ere, wan sye yst dach eyn edel wyp.
Da von [ ] so wyrt ge*tu*ret vnser aller lyp.«
251 »Das muß myr got verbieden,« sprach Hagen der vßerwegen.
So mochten wol gedencken, dye stoltzen degen,
Das wyr ys dorch focht deden, solten wyr gegen gan.
Ich wel dorch nymantz willen vff von dem stule stan.
252 Es zempt myr baß zu laßen, als war vmb dede ich daß?
Solt ich dem eren byeden, der myr yst gehaß?
Das gethun ich nomer, dye wyl ich han den lip.
Mych haßet vmb alde schult des konig Etzels wyp.«
253 d A saßen sye by ein ander, dye forsten wolgethan
Dorch nyemantz willen sye von dem gestule wolten stan.
Dye edel konigin drat jne an den fuß.
Den vßerwelten beyden bot sye yren *fy*ntlichen gruß.
254 »Sage du myr, Hagen, wer hat noch dyr gesant?
Wye getarstu ryden in myn eygen lant,
Vnd du dach wol weyst, was du myr hast gethan?
Hettestu gude wytze, du hest ys bylch gelan.«
255 »Nyemant nach myr sant,« also sprach Hagen der degen.
»Ere ludent her zu huse manchen kunen degen.

250,4 da von da von. getruret. **253,4** fruntlichen.

249] A 1723, B 1782 (1785), C 1826.
250] A 1718, B 1777 (1780), C 1821.
251] A 1719, B 1778 (1781), C 1822.
252] A 1720, B 1779 (1782), C 1823.
253] A 1724, B 1783 (1786), C 1827.
254] A 1725, B 1784 (1787), -C 1828.
255] A 1726, B 1785 (1788), C 1829.

So bin ich yr dinst vnd yr wilger man.
Kein hoffe reyse ich nomer von jne gestan.«
256 »Sage du myr, Hagen, war vmb schaffest du myr das,
Das ich dyr von schulden muß sin gehaß?
Du slugt myr Syfferden, den myn lieben man,
Des ich bys vff myn ende gnung zu weinen han.«
257 »Was hylfet vch dye rede? yr wer hutde lange gnug.
Ja bin ich alles Hagen, der Syfferden slug,
Eyn helt zu [ ] synen handen. des er sere engalt, 22v
Vnd das yr, fraw Cremhylt, die schonen Brunhylten schalt.
258 Des weystu vil wol selber, konigin rych,
Ich bin sin alles schuldig, des schaden schedelich.
Das reche wer da wolt, ys sy wip ader man.
Ich wolt vch dan liegen, ich han vch leyts vil gethan.«
259 »d As hort yr wol, yr h*er*ren, das er sin laucket nicht.
No wel ich mych entruchen, was jm dar vmb geschicht.«
Da stondent sye glich vnd sahen ein ander an.
Sye getorsten dye zwene myt stryde da nit bestan.
260 Wer den stryt da hette erhaben, so wer da gesehen,
Das man den zweyn geseln das beste muste da iehen,
Wan sye in großen stormen das best vil han gethan.
Das musten da dye Hunen dorch focht faren lan.
261 Da sprach der Hunen eyner: »fraw, wes secht yr mych an?
Was ich vch ye gelobet, das wel ich vch ab gan.
Dorch nyemantz liebe wel ich verlyesen myn lip.
Ere hern, vns wolt verleyden des konig Etzels wip!«

257,3 zu zu. **259,1** horen.

256] A 1727, B 1786 (1789), C 1830.
257] A 1728, B 1787 (1790), C 1831.
258] A 1729, B 1788 (1791), C 1832.
259] Variante zu A 1730, B 1789 (1792), C 1833.
260] A 1731, B 1790 (1793), C 1834.
261] A 1732, B 1791 (1794), C 1835.

262 Da sprach ein hertzoch gut: »des selben han ich auch mut.
Der myr den dorn messe von rodem golde gut,
Den wolt ich nit erarnen, das ich den solt han,
Das ich den fedeler myt stryde solt bestan.
263 Wol erken ich Hagen by syn jongen tagen,
Das man myr von dem recken darff gar wenig sagen.
In zwey vnd zwentzig stormen han ich ine gesehen,
Da mancher schonen frawen vil zu leyde yst gescheen.
264 Es was vor manchen zyden, er was danoch ein kint,
Da dye dome waren, wye wyse sye no sint!
No yst der helt gewaßen vnd worden zu eynem man. 23r
So dreyt er Baldongen, den er Sufferten nam.
Ere hant in dem rosen garten mee verleyt*, ich wel nit an.
265 Ere vnd *der* von Spangen fochtet sere syt,
Da sye by Etzeln warn, manchen harten stryt
Zu eren dem konig, das man das must jehen.
Von Troyen Hagen vil der eren yst gescheen.«
266 Sye scheden da von dane, das nyemannt myt jne streyt.
Das was der kongin vßermaßen leyt.
Dye helden kerten dane, ja fochten sye den dot
Von dem fedeler; des ging sye werlich an not.
267 Da sprach der kune Folcker: »wyr hant ys wol gesehen,
Das wyr hye findent*, als wyr horen jehen.
Wyr soln zu dem konige hyen zu hoffe gan,
So getarff vnsern hern myt stryde nyemant bestan.«

265,1 dye.

262] A 1733, B 1792 (1795), C 1836.
263] A 1734, B 1793 (1796), C 1837.
264] A 1736, B 1795 (1798), C 1839.
264,5] Zusatzzeile.
256] A 1735, B 1794 (1797), C 1838.
266] A 1737, B 1796 (1799), C 1840.
267] A 1738, B 1797 (1800), C 1841.

w ye dick man dorch fochte manig ding verlat,
Wo frunt so fruntlich by ein ⟨*ander*⟩ no stat,
Er hat vil gude synne, das er ys wyßlich dut.
Schade vil manches manes wyrt [ ] vo*n* synnen behut.
»No wel ich auch des folgen,« sprach da Hagen.
Sye gingen, da sye vil fonden der degen
In großem getrange an dem hoffe stan.
Volcker der vil kune lude ruffen da began:
Er sprach zu syme *hern*: »wye lange wolt yr no hye stan,
Das yr vch laßet tringen? yr solt zu hoffe gan,
Vnd horent an dem konige, wye er sy gemut!«
Da sach man sych gesellen dye degen kune vnd gut.
Der forst von Bern nam da an syne hant
Gonther den rychen vß Borgonder lant.
Irrenfreden vnd Gernolt, dye zwene kune man, apo koinu
Da sach man Gysellern myt syner swester gan.* 23v
Wye yemant sych gesellet vnd da schone zu hoffe ging,
Volcker vnd Hagen scheden sych da nit
No in eynem storm an yrs endes zyt.
Das vor*h*aben* vil geweinet schone jongfrauwen syt.
Da sach man myt den hern hye zu hoffe gan
Eres edeln jngesindes wol dusent man,
Dar vber sechtzig recken, dye myt ene waren komen,
Dye hat in synem lande der kune Hagen genomen.
Hanewar vnd auch Yrrig, dye zwene kune man,
Dye sach man fruntlichen by dem konige stan.

268,4 wyrt er vor. **272,4** vor zaben.

268] -A 1739, -B 1798 (1801), C 1842.
269] -A 1740, -B 1799 (1802), C 1843.
270] -A 1741, -B 1800 (1803), C 1844.
271] -A 1742, -B 1801 (1804), -C 1845.
272] A 1743, B 1802 (1805), C 1846.
273] A 1744, B 1803 (1806), -C 1847.
274] -A 1745, -B 1804 (1807), C 1848.

Danckwart vnd Wolffart, dye hatten sych bewegen,
Man sach dye helden großer dogent plegen.
275 d A der vogt von dem Ryne in den palast ging,
Etzel der konig rych *ys* da nit lenger lyeß,
Er sprang von sym gestule, als er sye komen sach.
Eyn gruß von hohen konigin nye so schon geschach.
276 »Synt wilkom, *her* Gonther vnd auch Gernot
Vnd uwer bruder Gyseler, dem ich myn gruß enbot
Myt truwen flyßiglichen zu Wormß vber Ryne,
Vnd alles dyß gesinde sal myr gotwylkom sin!
277 Synt auch gotwylkom, yr zwen snellen degen,
Volcker der kune und Hagen vßerwegen,
Synt bede gotwylkom in myn eygen lant!
Mych hat dye fraw Cremhylt dick vber vch gemant.«
278 Da sprach der starck Hagen: »das han wyr wol vernomen.
Wer ich dorch myn hern zu den Hunen nit komen,
So wer ich vch zu den eren in dyß lant gereden.«
Do nam der wort vil edel dye gest by der hant myt guden seden.
279 Er fuert sye zu den sedeln, da er selber vff saß.
Er schanckt ene wylliglichen trang vnd maß 24^r
Vß wyden golt schalen, mares vnd win. mora
Er bat dye elenden *her*n gotwilkom syn.
280 Da sprach der konig Etzel: »das wel ich veri*eh*en:
Myr kont in dyesen zyden liebers nit gescheen
Dan an vch edeln recken, das yr vns sint komen.
Des yst myner frauwen mychel truren benomen.

275,2 er. **280,1** veriheen.

275] A 1746, B 1805 (1808), C 1849.
276] A 1747, B 1806 (1809), C 1850, k 1837.
277] -A 1748, -B 1807 (1810), C 1851, k 1838.
278] A 1749, B 1808 (1811), C 1852.
279] A 1750, B 1809 (1812), C 1853, -k 1837.
280] A 1751, B 1810 (1813), C 1854.

281 Mych hat des mychel wonder, was ich vch hab gethan –
So manchen gast edel, den ich hye fonden han –
Das yr *nie*ne geruchent zu komen her in myn lant.
Das ich no gesehen han, das yst myr zu freuden gewant.«
282 Des antwert Rudeger, eyn rytter hochgemut:
»Ere mogent sye sehen gern; yr truw dye yst gut,
Der myner frauwen moge so schone plegen.
Sye brengent vch zu huse so manchen we*tl*ichen degen.«
283 a N sant Johans abent*, als wyr haben vernomen,
Warent sye dem konig Etzeln zu huse komen.
Kein wort sin gest so mynniglichen noch nie entping.
Dar nach zu dem dysch er fruntlich myt jne ging.
284 Eyn konig by synen gesten ⟨*schoner*⟩ nye gesaß.
Man gab ene folliglichen trincken vnd maß
Vnd alles das sye wolten, das was man jne bereyt.
Man hat von ⟨*den*⟩ degen mychel wonder geseyt.
285 Etzel der rych hatte an ein buwe geleyt*
Syn flyß kostlich myt syner arbeyt:
Palast vnd dorne, kemenaden an zal
In eyner wyden borge, vnd eyn herlichen sal,
286 Den hatte er heyßen buwen, lang vnd dar zu wyt,
Dorch das ene der recken so vil sahen zu der selben zyt.
*A*n ander syn gesellen vnd gesinde hat er zwolff konig her, 24^{v}
Vnd vil der werden degen hat er zu aller zyt mer

281,3 mene. **282,4** weltlichen. **286,3** Eyn.

281| A 1752, B 1811 (1814), C 1855.
282| A 1753, B 1812 (1815), C 1856.
283| -A 1754, -B 1813 (1816), C 1857, k 1844.
283,1| *sant johannes abet* k, *svnewenden* ABC.
284| A 1755, B 1814 (1817), C 1858.
285| C 1859, desgl. Iah, -k 1846, fehlt AB.
286| C 1860, desgl. Iah, -k 1847, fehlt AB.

287 Dan ye kein konig gewan, als ich vernomen han.
Er lebt in hoen wone von mogen vnd von man.
Schallen myt freuden hat der forst gnug
Vnd manchen snellen degen, dem stont hoch sin mut.
288 Der tag no hat eyn ende vnd nahet ene dye nacht.
Der werde mude degen so gethone facht:
Dye *her*n solten ruen vnd an yr bethte gan.
Das berette Hagen; ys wart jm schyer kont gethan.
289 Da sprach der konig Gonther: »Got laß vch wol leben.
Wyr woln vns sloffen legen, yr solt vns vrlap gebin.
Wan yr vns entbiedet, myr komen morgen fru.«
Myt liebe vnd in truwen sprach er Etzeln zu.
290 Dringen allenthalben von dan man dye recken sach.
Volcker der fedeler zu den Hunen sprach:
»Wye getort yr den gesten vff yr fuße gan?
Wolt yr vch des nit maßen, vch wyrt vil licht leyt getan
291 So slage ich etlichen so sweren geyger slag,
Hat er getruwe*n* yemant, das er geweynen mag.
Wan wycht vns recken, ja das doncket mych gut.
Es heyßent alle degen vnd sin dach nit glich gemut.«
292 Da der fedeler so zorniglichen sprach,
Hagen der vil kune vber dye achßel sach:
»Er saget vch vil rechte, der kune spelman.
Ere Cremhylten degen, yr solt zu den herbergen gan!
293 Des yr habent willen, ich wen, das ys yemant thw.
Wolt yr syn begynnen, so komen morgen frw

291,2 getruwet.

287] C 1861, desgl. Iah, -k 1848, fehlt AB.
288] A 1756, B 1815 (1818), C 1862.
289] A 1757, B 1816 (1819), C 1863.
290] A 1758, B 1817 (1820), C 1864.
291] A 1759, B 1818 (1821), C 1865.
292] -A 1760, -B 1819 (1822), C 1866.
293] A 1761, B 1820 (1823), -C 1867.

Vnd laßet vns armen elenden hint zur nacht* han gemach 25r
Ja wan ich, ys myt solichem willen nye ge*scha*ch.«
294 d A bracht man dye gest in eyn wyden sal,
Dar in sye syt namen eyn dotlichen qwal.
Da fonden sye manch bette wol gericht vnd bereyt.
Ene ryet dye konigin als so groß hertzenleyt.
295 Vyel decklach syden man da ligen sach,
Von den swartzen zobeln manch herlich abtach,
Von der aller besten syden, so sye mocht sin,
Dar vff gulden lysten, dye gaben lyechten schyn.
296 Dye decklach waren hermeln, vil manch man das sach,
Vnd dye swartzen zobeln dar vnder vnd haten yr gemach.
Des nachtes sye solten slaffen vnd haben gut gemach.
Eym konig myt synen frunden nye so herlich geschach.
297 »Vwe der nacht selde,« sprach Gyseler das kint,
»Vnd uwe myner frunde, dye myt myr komen sint!
Wye ys myr myn swester so gutlich erbot,
Dach focht ich, das wyr von yren schulden musten ligen dot.«
298 »Nu laßet uwer sorgen,« sprach Hagen der degen.
»Ich wel der schylde *w*ach hint selber plegen.
Ich behuden vch wol myt truen, byß vch begryfft der dag.
Das wyßet, snelle degen; so genese dan, wer da mag.«
299 Da neygeten sye jm alle vnd seyden jm des dang.
Sye gingen zu den betten. die wile was ene nit lang.
Dach so hatten sye angst, dye elenden man.
Hagen der vil starck sych wapen da began.

293,4 gesach. **298,2** nach.

294] -A 1762, -B 1821 (1824), C 1868.
295] A 1763, B 1822 (1825), C 1869.
296] A 1764, B 1823 (1826), C 1870.
297] A 1765, B 1824 (1827), C 1871.
298] -A 1766, -B 1825 (1828), C 1872.
299] A 1767, B 1826 (1829), C 1873.

300 Da sprach der fedeler Folcker der degen:
»Versmahet ys dyr nit, gesel Hagen, ich wolt mit dyr plegen
Der schyltwacht noch hint byß morn frue.«
Der helt jm innyglich dancket, dem edeln Folcker, dá.* 25v
301 »Des lon dyr got von hymel, edeler Folcker!
Zu allen myn noden darff ich nyemantz mer,
Syt du myr wylt helffen in dyeser großen not.
Ich wels vmb dych verdynen, mych scheyde dan von dyr der dot.«
302 d A gurten sye sych bede in yr liecht gewant.
Dye schylde by den rymmen namen sye by der hant
Vnd gingen vß dem huße vor dye doer stan
Vnd hutten yr hern. das was ene erlichen getan.
303 Folcker der snel zu des sales want
Synen schylt den guden leynt er von der hant.
Da ging er hyen weder, sin fedeln er da nam.
Da dint er synen frunden als jm wol getzam.
304 An der thoer des huses saß er vff eynen stein.
Den als stoltzen fedeler nye kein sonne vberschein.
Er begonde dye seyten ruren, das ys alles jm huß erclang.
Dye *her*n von dem Ryne sagten ys jm dang.
305 Er begonde dye seyten ruren, das ys in dem huse er*do*ß.
Syn elende zu der sorge, dye warent bede groß.
Ee sußer vnd ee senffter er fedeln began.
Da entslieff an den betten manch sorgsam man.

300,4 *Über* da *ein tremaähnliches Zeichen.* **305,1** erdroß.

300] A 1768, B 1827 (1830), C 1874.
301] A 1769, B 1828 (1831), C 1875.
302] A 1770, B 1829 (1832), C 1876.
303] A 1771, B 1830 (1833), C 1877.
304] -A 1772, -B 1831 (1834), C 1878.
305] A 1773, B 1832 (1835), C 1879.

306 Als sye entslaffen waren vnd er das enpfant,
Er nam dye fedeln schyer vnd leyt sye vß der hant.
Den schylt nam er by den henden vnd ging vor die thoer stan
Vnd hut siner frunde. das was myt truwen wol gethan.
307 Dach da vmb dye mytternacht, ich weyß nit ab ys da vor geschach,
Volcker der vil kune eynen helm ersach
Glesten vß der finsternis. Fraw Cremhylten man,
Sye wolten an den gesten da gar vbel han gethan.
308 Dye konigin Cremhylt hat dye recken dar gesant: 26^r
»Vindet yr sye sloffen, dorch got so sint gemant,
Slagent nyeman dan Hagen, den vngetruwen man.
Ab anders yemantz ycht geschee, das wer myr leyt gethan.«
309 Da sprach der fedeler: »no sage myr, lieber geselle Hagen,
Ich sehen sye alle yr woffen dort gein vns her tragen.
Als ich mych versynne, so woln sye vns bestan.
Myr zempt nit mene zu sagen wan ys yst gethan.«
310 »So swyg eyn wile vnd laß sye komen noher baß!
Ee sye vnser werden jne, so werden helm naß,
Verrucket myt dem blude von vnßer beyder hant.
Sye werden der konigin schyer vbel wyeder gesant.«
311 Als der Hunen eyner dye thoer wol behutet sach,
No mogent yr gern horen, wye er zu den andern sprach:
»Des wyr da hatten willen, das mag nit ergan.
Ich sehen den fedeler an der schyltwacht stan.
312 Der dragt vff sym heubt eyn liechten helm glantz,
Luther vnd schone vest vnd dar zu gantz.
Auch luchtent sin rynge als das liechte fuwer dut.
By jm stat auch Hagen; dye geste sin vil wol behut.«

306] A 1774, -B 1833 (1836), C 1880.
307] A 1775, B 1834 (1837), C 1881.
308] C 1882, desgl. Iah, -k 1870, fehlt AB.
309] -A 1776, -B 1835 (1838), -C 1883.
310] A 1777, B 1836 (1839), C 1884.
311] A 1778, B 1837 (1840), C 1885.
312] A 1779, B 1838 (1841), C 1886.

313 Zu hant sye weder kerten. da Folcker daß ersach,
Zu sym hergesellen er zorniglichen sprach:
»No laßet mych zu den recken von dem huse hin gan!
Ich wel vch erfarn mere an der Cremhylten man.«
314 »Nein, dorch myn lieb,« sprach Hagen der degen,
»So wolst keins stryttes myt den recken plegen.
Sye besten dich wol myt swerten vnd brengen dich in not,
So muß ich dyr dan helffen, vnd wers aller myner moge dot.
315 So wyr dan komen in den stryt, 26v
Zwene ader vier in eyner kortzen zyt
Dye sprongen eyn wile in das huß [ ] vnd deden jne leyt
Da an der slaffende dyete, dye nommer worde vercleyt.«
316 Da sprach aber Folcker: »so laß das gescheen,
Das wyr sye brengen jne, das wyr sye han gesehen,
Das sye ys nit leucken, dye Cremhylten man.
Dar zu saltu myr helffen, so wel ich dich zu eym hergeseln han.«
317 Des antwort jm Hagen, zornig was sin mut:
»Phey, yr bosen zagen,« sprach der degen gut,
»Wolt yr mych also sloffen ermort han?
Das yst von guden degen selten hye vor gethan.«
318 s chyer wart der konigin dye mere da geseyt.
Ere recken nit da schyckten. Das was yr vnmaßen leyt.
Syt fugt sye ys anders, wan grymmig was yr mut.
Sye musten alle sterben, dye rytter kune vnd gut.

315,3 in das huß in das huß.

313] A 1780, B 1839 (1842), C 1887.
314] -A 1781, -B 1840 (1843), C 1888.
315] A 1782, B 1841 (1844), C 1889.
316] A 1783, B 1842 (1845), C 1890. Folgt Zeilensprung mit Verlust von 3 Zeilen, dann: 316,4] A 1784,4, B 1843,4 (1846,4), C 1891,4.
317] A 1785, B 1844 (1847), C 1892.
318] A 1786, B 1845 (1848), C 1893.

319 »Myr kulen dye ringe,« also sprach Folcker.
»Ich wen vn*s* dye nacht nit wol yren mer.
Ich spor ys an dem luffte, das ys yst schyer tag.«
Da wackten sye vil manchen, der nach sloffen lag.
320 Da erschein der liecht morgen zu ene in den sale.
Hagen begonde wecken dye helden vber ale,
Ab sye zu [ ] dem monster zu kyrchen wolten gan.
Noch crystlichem glauben begonde beden yeder man.
321 Man sang da vnglych, das da vil wol erschein,
Crysten vnd heyden, dye warent da nit jn eyn.
Da wolten zu der kyrchen gan des Gonthers man.
Sye warent von den betten alle glich vff gestan.
322 Da legten sych dye recken in also gut gewant. 27^{r}
Das nye helden mere in keynes koniges lant
Beßer cleyder brachten. das was alles Hagen leyt.
Er sprach: »j*a* solt yr tragen, yr degen, ander cleyt!
323 No hant yr dye mere lange gehort sagen.
Ere solt vor dye rosen dye scharpen swert tragen,
Vor dye scheppel wol gesteint dye liechten helm gut,
Wan yr wol erkenet der frauwen Cremhylten mut.
324 Wyr mußen alle stryden, das wel ich vch verwar sagen.
Vor dye sydenn hemde solt yr dye liechten ringe tragen
Vnd vor dye rychen mentel dye vesten schylde wyt,
Ab yemant myt vch zornet, das yr by der were syt.«

319,2 vnt. **320,3** zu der borge *(durchgestrichen)* dem monster.
322,4 jar.

319| A 1787, B 1846 (1849), C 1894.
320| A 1788, B 1847 (1850), C 1895.
321| A 1789, B 1848 (1851), C 1896.
322| A 1790, B 1849 (1852), C 1897.
323| A 1791, B 1850 (1853), C 1898.
324| A 1792, B 1851 (1854), C 1899.

325 Er sprach: »vil lieben frunde, setzent schylde vor dye fuß.
Ab vch yemant biede synen swachen gruß,
Dem dancket ys myt wonden; das yst myn hoger rat,
Das man vns also finde, das ys vns lobelich stat.«

326 d A wolten da dye hern zu dem monster gan.
Vff dem frone kyrchoff da bat sye stylle stan,
Hagen da von Troyen, das sye sych schyeden nicht.
»Es weyß nach nyemant nit, was hye von den Hunen geschecht.

327 Meyn vil lieben *her*n, dar zu moge vnd man,
Ere solt vil williglichen zu kyrchen gan
Vnd clagen got dem hern uwer sorge vnd uwer not,
Dan wyßet sycherlich, das vns nahet der dot.

328 Ere solt auch nit vergeßen, was yr hont gethan,
Vnd solt vil flyßiglichen dar vmb gein got jm gebede stan.
Ere solt auch sin gewarnet, yr recken also here,
Es wolt dan got von hymel, wyr gehoren meße nommer mer.«

329 Volcker vnd Hagen, dye zwene gingent stan
Vor das wyt monster. das was dorch das gethan, 27v
Das sye wolten wyßen, das des koniges wip
Myt ene da muste tringen; ja was vil grymmig yr lip.

330 d A kam der wort des landes vnd auch sin wip.
Myt vil rychen gewanden getzert was yr lip.
Da warn gnung der recken, dye man mit yr sach farn.
Da koß man hoe st*eub*e von der konigin scharn.

330,4 stule.

325| A 1796, B 1855 (1858), C 1903.
326| A 1795, B 1854 (1857), C 1902.
327| A 1793, B 1852 (1855), C 1900.
328| A 1794, B 1853 (1856), C 1901.
329| A 1797, B 1856 (1859), C 1904.
330| A 1798, B 1857 (1860), C 1905.

331 Da der konig Etzel so gewapent sach
Dye konige von dem Ryne, no horent, wye er sprach:
»Ich sehen myne frunde vnder den helmen gan.
Myr yst leyt vff myne truw, hat vch ymant leyt gethan.
332 Das wel ich ene bußen, das ys yst recht vnd gut.
Hat ene ymant betrubt das hertz vnd auch eren mut,
Das brengen ich jne wol jnne, das ys myr yst leyt.
Wes myr myn gest byeden, des wel ich sin bereyt.«
333 Da sprach Hagen: »vns hat nyemant gethan.
Es yst sede myner *her*n, das sye soln verwapent gan
Zu allen zyden follychen dry tagen.
Hette vns yemantz icht gethan, wyr solten ys uch bylch clagen.«
334 Wol hort dye konigin, was Hagen da sprach.
Wye recht fyntlichen sye jm vnder dye augen sach.
Sye wolt auch nit melden dye *side* von yrm lande.
Er was yr zu Borgentrich manchen tag wol bekant.
335 Wye grymme vnd starcke sye Hagens fint were,
Hette yemant konig Etzeln gesagt dye rechten mere,
Er het ys vnderstanden, das ys nit were gescheen.
Sye lyeßen ys dorch yren vbermut, sye wolten ys jm nit veriehen.
336 Da wolten da dye hern myt eyn ander gan,
Da wolten dye zwen dorch nyemant hoer stan.
Sye wolten nyemant wychen eyner hende breyt.
Des konig Etzels jngesinde was ys yßer maßen leyt.
337 Des konges kemerer ducht ys auch nit gut.
Den helden was betrubet yr hertz vnd auch der mut. 28r

334,3 lude.

331] A 1799, B 1858 (1861), C 1906.
332] A 1800, B 1859 (1862), C 1907.
333] A 1801, B 1860 (1863), C 1908.
334] A 1802, B 1861 (1864), C 1909.
335] -A 1803, -B 1862 (1865), C 1910.
336] Variante zu A 1804, B 1863 (1866), C 1911.
337] A 1805, B 1864 (1867), C 1912.

Sye hetten ys gern gerachen; sye dorften ys nit thun vor dem konig her.
Man sach da anders nit dan dryngen; anders geschach nit mer.

338 h Agen der vil kune, der wolt da nit erlan,
Vnder dem frawen monster begonde er stylle stan.
Syn schylt was gesteinet; den satzt er vor dye hant.
Da muste fast tringen dye frawe vß Ungerlant.

339 Dye kongin stont stylle vnd sach Hagen an:
»Vwe, was großer leyde hastu myr gethan.
Du sluget myr Sybferten, myn lieben man,
Das ich byß an myn ende gnung zu weyn han.«*

340 Des antwort yr da Hagen, des Gonthers man:
»Secht yr, kongin, Folckern in dem monster stan?
Vnd wolt yr nit erwenden, erst hebet sych not.
Von vnser beyden henden muß mancher rytter ligen dot.«

341 Also redet da Hagen, der degen so gemeyt:
»Wyßet, kongin, uwer nachtreyse yst myr leyt.
Wolt yr ys vch nit maßen, ich wels vch werlich sagen,
vwer nachtreyse wyrt vch dach die lenge nit tragen.«

342 Hagen vnd Folckern ließe sye bliben hye.
Ey wye zorniglichen sye in das monster gye!
Der phaff hat sych da bereyt, dye meß er da sang.
Da hub sych zu dem oper der aller grost getrang.

343 Am ersten ging zu opper des edeln koniges wip
Myt syeben hondert frauwen; wol getzert was yr lip
Myt goldem gewande, dye aller beste wat,
Als man jm Ungerlande sye yrgent feyl hat.

344 Man hyeß dye edeln geste am ersten zu oper gan,
Dye dursten vnd dye besten, das wart dar vmb gethan,
Dar noch den konig Etzeln myt dem gesinde syn.
Da folgeten dusent rytter dem konige von dem Ryn.

345 Man sach den konig Etzel in eyn ander monster gan. 28v
Gonther den rychen sach man stylle stan.
Der phaff hat gesongen, da neygeten sych die degen
Vnd befalen sych so ture in den helgen gots segen.

338–345] Zusatzstrophen.

46 d A man da got gedinte vnd sye wolten da von dan,
Da kam da zu raße manch kuner man.
Auch was da by Cremhylten manch schone meyt.
Wol syeben dusent degen by der konigin reyt.
47 An des sales vesten Cremhylt da gesaß
⟨*myt*⟩ vil schoner frauwen myt freuden an haß.
Etzel der konig rych, der sast sych zu yr nyeder.
Sye sahent kortzwile von den recken syeder.
48 Da was des konges marschalck myt den raßen komen.
Danckwart der kune hat zu jm gnomen
Syns hern jngesinde von Borgonder lant.
Dye raß der edeln recken man wol gesatelt fant.
49 Als sye zu den raßen kamen, dye konig vnd yr man,
Volcker der vil kune raden da began,
Sye solten *buhardern** noch yres landes syeden.
Da wart von den degin gar herlich gereden.
50 Vff den hoff vil wyt kam vil manch man.
Konig Etzel vnd Cremhylt sahen ys alles an,
Den buhart vnd das schallen, das was also groß
Von crysten vnd von heyden. wye lutzel yeman das verdroß!
51 Vff den *buhart* kamen alle zuhant gereden.
Dye *her* Dytterichs recken [ ] in rytterlichem seden,
Sye wolten kortzwil myt den gesten han.
Da wolts jm nit gonnen yr *her* vnd hyß ys balde lan.
52 Myt Gonthers man das spel er ene verbot.
Er focht syner degen, das sye kemen in not.

347,4 Es. **349,3** bochelern. **351,1** buwe hart. **351,2** dye in.

346] A 1806, B 1865 (1868), C 1913.
347] -A 1807, -B 1866 (1869), C 1914.
348] -A 1808, -B 1867 (1870), C 1915.
349] A 1809, B 1868 (1871), C 1916.
350] -A 1810, -B 1869 (1872), C 1917.
351] -A 1811, -B 1870 (1873), C 1918.
352] -A 1812, -B 1871 (1874), C 1919.

Da kamen von Bechelar des Rudegers man.
Dar vmb der edel starck myt jm zorne began.
....
353 ....
Vff dem hoffe da allein nit mene in noden lan. 30r
Da wart myt dusent helden so crefftiglich gereden.
Sye daden, was sye wolten, myt gar herlichem seden.
354 Als der rych helt was gelegen dot,
Sych hub vnder den frunden angst vnd not.
Dye lude begonden fragen, wer ys hette gethan.
Da sprachen, dye ys sahen: »ys hat gethan der spelman.«
355 n Och schylt vnd noch waffen ryeffen sye zuhant,
Dye heydeschen frunde in der Heunen lant.
Dye wolten den fedeler dar vmb erslagen han.
Konig Etzel der rych begonde ys schyer vnderstan.
356 Da hub sych allenthalben lude schrien vnd eyn schal.
Dye *her*n von dem Rine erbeysten vor den sal
Vnd styßen dye raß zurucken, dye konige vnd auch yr man.
Konig Etzel der rych von eym fenster gelauffen kam.
357 Eyn syn frunt er nohe by jm fant.
Eyn vil scharpes woffen brach er jm uß der hant.
Er slug sye balde hin [ ] *wi*der, jm was vnmaßen zorn:
»No han ich min dinst an myn frunden verlarn!
358 Vnd het myr uwer eyner den frunt erslagen,
Ich hyß vch alle hencken, das wel ich vch sagen.

352,4 *folgt eine Lücke von 1 Blatt (bei 30 Zeilen 15 Strophen).*
357,3 hin vß vnder.

353] A 1828, B 1888 (1891), C 1935.
354] -A 1829, -B 1889 (1892), -C 1936, k 1925.
355] A 1831,4, B 1891,4 (1894,4), -C 1938,4).
356,1–3] -A 1831,1–3, -B 1891,1–3 (1894,1–3), -C 1938,1–3.
356,4] A 1828,4, B 1888,4 (1891,4), -C 1935,4.
357] A 1832, B 1892 (1895), C 1939.
358] -A 1833, -B 1893 (1896), C 1940.

Ich sach wol das ryden, das er den heyden stach.
Das raß det eyn starcken struch, da von der schade geschach.
359 Ere must myn frunde hye myt gemachen lan!«
Dye raß hyeß man zyehen manchem werden man
Gegen der herberge. sye hatten manchen knecht,
Der ene myt gantzen truwen in dinst was bereyt vnd gerecht.
360 Konig Etzel der ryche in den palast weder ging,
Zornig er da keynem erweder wingt.
Da recht man dye dysch, das waßer man trug. 30v
Da hatten dye von dem Ryne starcker finde gnug.
361 Ee dan das der konig wart jne, da verwopent sych vil der schar,
Sach man vnuermeßentlich tragen dye ringe myt jne dar.
Sye gingen vor dye dysch dorch der gest haß.
Ere frunde wolten sye rechen, ab sye mochten fugen das.
362 »Synt yr no gewoppet eßent gerner dan bloß,«
Sprach der wort des landes, »dye vntzocht dye yst groß.
Wer aber myn frunden det keyn leyt,
Dem sluge ich ab das heubt, das sye vch vorgeseyt!«
363 e e sye voln gesaßen, die wil was nit lang.
Kremhylten sorge sye zu hertzen zwang.
Sye sprach zu dem von Bern: »ich such din rat,
Drost vnd hulff, wan ys myr komerlich stat.«
364 Des antwort yr von Bern Hylbrant gar lobelich:
»Der da slecht dye Nebelonge, der dut ys an mych,
Dorch keyner schatz liebe; das wyrt jm nach vil leyt.
Sye sten nach vnbezwongen, dye stoltzen rytter gemeyt.«
365 Sye sprach: »ich wolt neur Hagen, der hat myr leyt gethan.
Er slug myr Syfferten, myn lieben man.

359] A 1834, B 1894 (1897), C 1941.
360] A 1835, B 1895 (1898), C 1942.
361] C 1943, desgl. Iadh, -k 1932, fehlt AB.
362] C 1944, desgl. Iadh, -k 1933, fehlt AB.
363] A 1836, B 1896 (1899), C 1945.
364] A 1837, B 1897 (1900), -C 1946.
365] Variante zu C 1947, desgl. zu Iadh, k 1936, fehlt AB.

Wer myr jne vßschyede, dem wer myn golt bereyt.
Engult ys anders yeman, das wer myr sycher leyt.«
366 Da sprach aber Hylbrant: »wye kont das gescheen,
Das wyr ene vßschyeden? ich ließ vch ansehen,
Sye brechten vns myt stryde in vil große not,
Das arme vnd ryche gelegen no darvmb dot.«
367 Da sprach myt guden zochten von Bern *her* Dyetherich:
»Das bieden das yst vnbilch, das las bliben, kongin rych!
Myr hant dyn frunde zu leyde nicht gethan,
Das ich dye forsten edel myt stryde wolt bestan.
368 Des glychen begonte du auch in den rosen rot 31r
Vnd wolt auch dynen brudern raden hye in den dot.
Sye sint dorch gantz truw komen her in dyß lant.
Syffert yst vngerachen von myner hant.«
369 Da sye an dem Berner des willen nit enfant,
Da gelobt yrs da als balde des Blodelins hant
Vmb eyn wyde marck schone, dye Nudungs was.
Syt erslug jne Danckwart, das er der gabe vergaß.
370 »Jo saltu myr helffen, *her* Blodelin.
Sye sint myr komen zu huse, dye myn finde syn,
Dye Sybfferten slugen, myn lieben man.
Wolstu myr ys rechen, ich wolt dyr wesen vnderthan.«
371 Des antwort yr da Blodelin, da er by yr sas:
»Ich darff gein dyn mogen nit tragen has
Vor Etzeln mym bruder, wan er sye gern syecht.
Ab ich dye helden sluge, der konig vortruge myrs nicht.«
372 »Nein, *her* Blodelin, ich was dyr ye holt,
Vnd geben dyr myt willen myn sylber vnd golt

366] C 1948, desgl. Iadh, k 1937, fehlt AB.
367] A 1838, B 1898 (1901), C 1949.
368,1–2] Nur n.
368,3–4] A 1839,3–4, B 1899,3–4 (1902,3–4), C 1950,3–4.
369] A 1840, B 1900 (1903), C 1951.
370] A 1841, B 1901 (1904), C 1952.
371] -A 1842, -B 1902 (1905), C 1953.
372] A 1843, B 1903 (1906), C 1954.

Vnd eyn schone frauwen, des Nudongs wip.
Du magest sye gern haben, yren w*et*lichen lyp.
373 Das lant zu den abern borgen wel ich dyr geben. obern
So machstu, rytter edel, wol myt freuden leben,
Besytzestu dye marck, dye Nudongs was,
Was ich dyr myt truwen geheyß, leyst ich dyr das.«
374 d A der her Blodelin dye myete da vernam
Vnd jm dorch dye schonen frawen wol ge*zam*,
Er wolt myt stryde verdin das mynniglich wip.
Da von must vil der degen verlyesen den lip.
375 »Man sal der rede swigen,« sprach Blodelin vber ale.
»Ee sin yemant werde jne, ich hebe vns ein schal,
Das Hagen muß arnen, was er hat gethan. 31^{v}
Man muß dye Nebelonge vor vns sehen gebonden stan.«
376 Dye konigin Blodelin vor freuden vmb fing.
Dorch des stryts willen sye zu dem dysch ging
Zu dem konig Etzeln vnd zu manchem werden man.
Sye hat gar swinde rede an dye geste gethan.
377 Wye sye zu dysch s*a*ßen, das wel ich vch sagen.
Man sach rych konig dye kron da tragen.
Manchen hoen forsten vnd manchen werden degen,
Dye sach man großer zocht vor der konigin plegin.
378 Ee sye vollen gesaßen, dye forsten vber ale,
Droncken ader gaßen, da trug man jn den sal

372,4 weltlichen. **374,2** wolgetan. **377,1** seßen.

373] A 1844, B 1904 (1907), -C 1955.
374] A 1845, B 1905 (1908), C 1956.
375,1–2] -A 1846,1–2, -B 1906,1–2 (1909,1–2), C 1957,1–2.
375,3–4] A 1846,3–4, B 1906,3–4 (1909,3–4), -C 1957,3–4. Danach fehlt 1 Strophe gegenüber ABC, die als Str. 388 wieder eingefügt wird.
376] Variante zu A 1848, B 1908 (1911), C 1959.
377] C 1960, desgl. Iadh, -k 1950, fehlt AB. Weitere 2 Zusatzstrophen von Cak fehlen auch in Idh.
378,1–2] -A 1849,1–2, -B 1909,1–2 (1912,1–2), C 1963,1–2, k 1953,1–2.

Orteleyb dem jongen, des konig Etzels sone.
Wye kont ein wip dorch roch vmber mortlicher gethon?

379 Her vor kamen vieer des konig Etzels man.
Ortleyb den jongen, den trugen sye von dan
Den kongen vor den dysch, da Hagen an saß.
Das kint must ersterben dorch den mortlichen haß.

380 a Ls konig Etzel der rych erst sin sone an sach,
No mocht yr gern horen, wye der forst sprach:
»Schawent, lieben frunde, das yst myn eyner sone
Vnd auch uwer swester! ys mag vns allen werden from.

381 Ich wel vch alle byeden, lieben frunde myn,
Wan yr wollet ryden weder an den Rin,
Das yr jne myt vch furet; er yst uwer swester sone.
Ere solt dem jongen forsten gar gered*ic*lich thun.

382 Zyecht ene noch eren, so west er nach zu eynem man.
Hat vch jn dem lande yemant ycht zu leyde gethan,
Das hylffet er vch rechen, gewest jm der lyp.«
Dye rede hort da gern des konig Etzels wip.

383 »Slecht er noch dem geslecht, er wyrt eyn starck man, 32r
kune, edel, schone vnd wolgethan.
Lebe ich dan keyn wile, ich mach jm zwolff lant.
So mag vch wol gedinen des jongen Ortleubs hant.«

378,3 kint sone. (*Bei* kint *Tilgung sehr schwer erkennbar, Anfangbuchstabe leicht senkrecht durchstrichen.*) **378,4** wip *über der Zeile nachgetragen.* **381,4** gerededichlich.

378,3–4] A 1849,3–4, B 1909,3–4 (1913,3–4), -C 1963,3–4, -k 1953,3–4. Gleiches Schwanken zwischen *AB und *C in INbdh.
379] A 1850, B 1910 (1913), C 1964.
380] A 1851, B 1911 (1914), -C 1965.
381] A 1853, B 1913 (1916), C 1967.
382] A 1854, B 1914 (1917), -C 1968.
383] A 1852, B 1912 (1915), -C 1966.

384 Des antwort jm Hagen, der rytter vßerwegen:
»Im mogen wol getruwen alle diese degen,
Dach yst der jonge konig also veygelich gethan.
Man sal mych zu hoffe ⟨*selden*⟩ noch Ortleuben sehen gan!«

385 Der konig blickt vff Hagen, jm was dye rede leyt,
Wye wol er dach dar vmb nit rette, der forst wol gemeyt.
Es betrubt jm syn hertz vnd auch den sin mut.
Da was des Hage*n*s wille nit zu kortzwil gut.

386 Es det den forsten alle myt dem konig wee,
Das Hagen von dem kinde hat gesprachen ee.
Das sye ys vertragen solten, das was jne vngemach.
Sye wysten nit dye mere, dye von dem recken geschach.

387 Gnug, dye ys horten vnd jm dach warn gram,
Sye hetten ene gern bestanden, auch so h*e*t der konig sam,
Getorst ⟨*er*⟩ vor synen eren; er wer sin komen in not.
Syt det jm Hagen mere: er slug jm vor syn augen dot.

388 Man sach Blodelin von dem dysch gan.
Da sach er syner helden eins teyls by jm stan:
»No wopent vch balde, alle myn man!
Wyr mußen zu Danckwarten an dye herberg gan.«

389 Dye Blodelins recken, dye waren alle gar.
Myt dusent halßberg huben sye sych dar.
Danckwart myt den knechten ober dem dysch sas.
Da hub sych vnder den degen mort vnd darzu has.

390 Sye sprachen alle glych: »was hat er vch gethan,
Das yr ene so gern myt stryde wolt bestan?«

385,4 hages. **387,2** hat.

384] A 1855, B 1915 (1918), C 1967.
385] A 1856, B 1916 (1919), C 1970.
386] A 1857, B 1917 (1920), -C 1971.
387] -C 1972, desgl. a, -k 1962, fehlt AB.
388] Variante zu A 1847, B 1907 (1910), C 1958.
389] A 1858, B 1918 (1921), C 1973.
390–393] Zusatzstrophen.

»Da wel ich verdynen des Nudongs wyp
Vnd eyn wyde marck, dar vmb so wage ich myn lip.« 32v
391 Da wapenten sych da balde wol druw dusent man
In dye lyechten rynge, dye wolten myt jm gan
Myt vff gebonden helmen; dye schare dye was breyt
Danckwart dem snellen dem sint dye mer vorgeseyt.
392 d A Danckwart den hern Blodelin komen sach,
Zu synem jngesynde er da sprach:
»Hat uwer keyner Blodelin gethan?
Ich sehen ene dort her gan, myt jm drutusent siner man.«
393 Sye sprachen alle glich: »wyr deden jm nye kein leyt,
Vnd wyltu vns nit gleuben, wyr swern dyr des ein eyt.
Wyl er vns dan myt stryde dorch sin vbermut bestan,
Er muß sin der erst, der den lyp muß verlorn han.«
394 Da der *her* Blodelin vor dye dysch ging,
Danckwart der marsch*alck* ene gutlich entphing:
»Synt gotwilkom, myn *her* her Blodelin!
Was uwer reyse m*e*yn, das wir*r*t gar sere dye myn.«
395 »Ere dorfft mych nit grußen,« sprach *h*er Blodelin,
»Wan myn herkomen sal din ende sin
Dorch Hagen, dyn bruder, der Syfferten slug.
Des entgelstu zu den Hunen vnd ander degen gnug.«
396 »Neyn, *her* Blodelin,« sprach da Danckwart,
»So mocht vns wol ruwen dyße Hune*n* fart.
Ich was ein kint vil cleyn, da Syffert verlor den lip.
Ja enweyß ich nit, wa*s* vns *wyßet* des konig Etzels wip.«
397 »Vnd weyß auch ⟨*ich*⟩ nit mere dyr zu sagen.
Es daden dyn mage Gonther vnd Hagen.

394,2 marsch. **394,4** myn das wyrt. **395,1** der. **396,2** hune. **396,4** war vns wysent.

394] A 1859, B 1919 (1922), C 1974.
395] A 1860, B 1920 (1923), C 1975.
396] A 1861, B 1921 (1924), C 1976.
397] A 1862, B 1922 (1925), C 1977.

No werent vch, elent, yr mogent nit genesen.
Ere must myt dem dode phande der Cremhylten wesen!«
8 »So wolt yr nit erwinden,« also sprach Danckwart,
»So ruwet mych myn beden, das wer bas gespart.«
Der snel degen kune von dem dysch sprang,
Er zocket ein scharpes waffen, das was scharp vnd lang.
9 Da slug er her Blodelin ein swinden slag, 33r
das jm das heub*t* myt dem helm vor den fußen lag.
»Das sy din morgengabe,« sprach Danckwart der helt,
»Zu Nudongs brut, dye du zu wibe het erwelt.
0 Kremhelt mag sye morn geben eym andern man.
Wyel er dye brut myden, es mag jm auch also ergan!« mieten ›erkaufen‹
Eyn getruwer Hune hatte jm das geseyt,
Das jm dye konigin ryet so grymlich leyt.
1 Da sahen syn knecht, das yr *her* was erslagen.
Das wolten sye den gesten da nit lenger vertragen.
Myt gereckten swerten sye sprongen vor das gesinde
In eym grymmen mude, so geraw ys sye swinde.
2 Wye lude ryeff da Danckwart alle dye knappen an:
»Ere secht wol, alle dye knecht, wye ys vns wel ergan!
No weret vch, yr elenden, als vch betzwinget not,
Das yr frommyglichen in schaden icht geliget dot!«
3 Dye der swert nicht hatten, dye gryffen an dye banck.
Sye huben vß den fußen manch schemel groß vnd lang.
Der Borgonder knecht, dye wolten jne nit vortragen.
Da wart myt starcken stuln dorch die helm vil buln geslagen.

399,2 heub.

398] A 1863, B 1923 (1926), C 1978.
399] -A 1864, -B 1924 (1927), C 1979.
400] A 1865, B 1925 (1928), C 1980.
401] A 1866, B 1926 (1929), C 1981.
402] -A 1867, -B 1927 (1930), C 1982.
403] A 1868, B 1928 (1931), C 1983.

404 Wye grym sye waren, die hunschen dint, diet
Sye treben sye vß dem huse, dye da gewapent sint.
Das was das jngesinde, sye waren von blude rot vnd naß.
Der was by fonffhondert dot, das was an wone Cremhylten haß.

405 d ye starcken mere worden da konig Etzeln geseyt,
Vnd syn recken was ys jnniglichen leyt,
Das erslagen were der *her* vnd sin man.
Das het Hagens bruder Danckwart myt den knechten gethan.

406 E man zu hoff dye mere befant, dye Hunen dorch yren has,
Da wopenten sych zwey hondert ader danoch bas.
Sye gingen zu den gesten, das muß zwar also wesen, 33v
Vnd ließen des jngesindes nit mene dan ein genesen.

407 Da dye vil vngetruwen kamen jn das gaden,
Da hub sych vnder den gesten vil vngefuger kraden.
Was halff yr baldes elen? sye musten alle geligen dot.
Dar nach jn kortzen stonden hub sych ein engstlich not.

408 h ye moget yr horen wonder von vngefugem sagen:
Wol mene dan dusent helden worden zu dode erslagen,
Der vber ryder zwolff dusent vnd Danckwarts man.
Man sach ene alters einnig danoch by sin finden stan.

409 Der schalle was ges*wyft*et, der doß waß gelegen.
Da blyckt vber dye aßeln Danckwart der degen:
»Vwe myr des leydes, was ich verlarn han.
No muß ich leyder eynnig by myn finden stan!«

409,1 gestyffe.

404] Variante zu A 1869, B 1929 (1932), C 1984.
405] A 1870, B 1930 (1933), C 1985.
406] A 1871, B 1931 (1934), C 1986.
407] -A 1872, -B 1932 (1935), C 1987.
408] A 1873, B 1933 (1936), C 1988.
409] A 1874, B 1934 (1937), C 1989.

410 Dye swert alle vieln vff sin eingen lip.
Das must sych bewein manches heldes wip.
Aller erst wart ertzornet des Gonthers man,
Da von der konig Etzel großen schaden nam.
411 Er sach eyn Hunen vor der thoer stan,
Hinder dem verwopent dusent siner man,
Dye ⟨*wolden*⟩ dem elenden rytter an das leben.
Er bat sye gutlich, das sye jm fryede geben.
412 Sye wolten dem elenden kein freden geben.
»Wyr soln baß versuchen,« sprach Danckwart der degen.
Den schylt rockt er hoer, dye nestel nyeder bas.
Da begonde er sere dringen, leyt was den finden das.
413 In das huß sye *d*rongen vber sin danck.
Er slug dorch liecht helm, das blut noch den slegen sprang.
Dye nit gesehen hatten, was wonders da det sin hant,
Da wart der jonge marschalck vor ein kunen man erkant.
414 »No fechtent, hunschen recken,« sprach Adrians kint,
Vnd last mych storm muden man hyn vß an den wint,
Das myr dye ringe erkulent; das yst myr gut gethan!« 34r
Da begonde er an yren willen myt stryde zu der dore stan.
415 »Vwe got von hymel, mocht ich ein [ ] boden gehan,
Der myn bruder Hagen konde wyßen lan,

413,1 rongen. **415,1** ein eyn.

410,1–2] A 1875,1–2, B 1935,1–2, (1938,1–2), C 1990,1–2.
410,3–4] Nur n.
411] Zusatzstrophe.
412,1–2] Nur n.
412,3] A 1875,3, B 1935,3 (1938,3), C 1990,3.
412,4] Nur n.
413,1–2] Nur n.
413,3–4] A 1877,3–4, B 1937,3–4 (1940,3–4), -C 1992,3–4.
414] -A 1876, -B 1936 (1939), -C 1991, k 1982.
415] A 1878, B 1938 (1941), C 1993.

Das ich vor den recken stonde hye jn großer not!
Er hulff myr von hynen ader gelege by myr dot.«
416 Da sprach der Hunen einer: »der bode mustu selber sin,
So man dich wyrt dot tragen vor den bruder din.
So geschecht jm erst vil leyde, des Gonthers man.
Du hast dem konig Etzel so großen schaden gethan!«
417 »No laßent dye traw bliben vnd stant jne hoer baß!
Ja thun ich vch etlichen nach dye ringe naß.
No were myr, wer da wolle, ich wel zu hoffe gan,
Hagen, myn bruder, dye mere wyßen lan.«
418 Er le*yd*et sych so sere, des konig Gonthers man,
Das keyner des koniges Etzels recken myt dem swert ⟨*jne*⟩ dorfft bestan.
Da schoßent sye da vff ene da vil vff sin schylt ranfft,
Das er ene dorch swere ließ fallen vß der hant.
419 Sye wo*l*den jne betzwingen, da er nit schyltes trug.
Wye er so dyffe wonden dorch liechte helm slug!
Des must vor jm struchen manch kuner man.
Dar vmb lob vil großes der kune Danckwart gewan.
420 Zu beyden sin syten sprongen sye jm zu.
Da kam yr etlycher jn den stryt zu fru.
Er ging vor sin finden recht als ein eberswin
Zu walde dut vor honden; wye mocht er kuner gesin?
421 *S*yn woffen was alles von heyßem blude naß.
Ja konde kein reck nye gestriden bas
Myt also vil der finde, als er hat gethan.
Da musten sye ene an yren dang laßen zu hoffe gan.

418,1 leuchet. **419,1** worden. **421,1** Eyn.

416] A 1879, B 1939 (1942), C 1994.
417] A 1880, B 1940 (1943), C 1995.
418] A 1881, B 1941 (1944), C 1996.
419] A 1882, B 1942 (1945), C 1997.
420] A 1883, B 1943 (1946), C 1998.
420] A 1884, B 1944 (1947), C 1999.

22 Druch*s*eßen vnd schencken horten dye swert cleng.
Mancher da das trincken swang von der hende
Vnd semlich spyse, dye man zu hoffe trug. 34v
Da kamen jm vor der stegen starcker finde gnug.
23 »Wye no, yr guden recken,« sprach der mude man,
»Ja solt yr dye gest vil gutlichen han
Vnd solt den hern no dye spyse tragen
Vnd lyßent mych dye mere myn *her*n zu hoffe sagen.«
24 Welcher jm dorch sin elende vor dye fuß sprang,
Den gab er etlichen so sweren swerts clang,
Das sye dorch focht ferer hin dan musten stan.
Ja het sin starckes elen vil manchem leyt vnd pin gethan.
25 Danckwart der snel vor dye thoer sprang.
Ey, was nuwer swert vff sym helm erclang!
Dye vor nit gesehen hatten, was wonders getan hat sin hant,
D*en* sprang hin vß entgegen der helt vß Borgonder lant.
26 Als der kune Danckwart kam hin vß an den lufft,
Dye doden sach man fallen nyder als den dufft
Von den hoen baumen dut nyeder vff das grune gras.
Wol bezeycht der marschalck, das er ein kuner degen was.
27 Da der starck Danckwart vnder dye thoer drat,
Des konig Etzels gesinde er hoer wichen bat.
Myt blude sere beronden was alles sin gewant.
Eyn vil scharpes woffen trug er bloß in siner hant.

422,1 Drucheßen. **425,4** Da.

422] A 1885, B 1945 (1948), C 2000.
423] A 1886, B 1946 (1949), C 2001.
424] A 1887, B 1947 (1950), C 2002.
425] A 1877, B 1937 (1940), C 1992.
426] Zusatzstrophe.
427] A 1888, B 1948 (1951), C 2003.

428 e S was in der wile, da Danckwart kam vor die thor,
Das man Ortleuben trug beyde weder vnd vor
Von dysch zu dysch den forsten hochgeborn.
Von desen starcken meren wart das kindelin verlorn.
429 Vil lude ryeff da Danckwart zu Hagen dem degen:
»Ere sytzent vil zu lange, bruder Hagen vßerwegen!
Vch vnd got von hymel clage ich vnßer not.
Rytter vnd knecht sint vns an den herbergen alle dot.«
430 Er ryeffe eme entgegen: »wer hat das gethan?«
»Das hat der *her* Blodelin vnd ander sin man
Auch hat er sin nit genaßen, das wel ich vch sagen. 35r
Ich han jm sin heubt myt myn henden abgeslagen.«
431 »Das yst noch schaden clein,« sprach da Hagen,
»wo man solich mere seyt von degen,
ab er von recken handen verluret sin lip.
Ene sollent des da geringer clagen we*t*lich wyp.
432 No sage myr, lieber bruder, wye bystu so rot?
Ich wen, das du von den wonden lydest große not.
Ist er yrgent in dem lande, der ys hat gethan,
Ine ernere dan der duffel, ys muß jm an sin leben gan.«
433 »Ere secht mych wol gesont, myn wat yst blude nas
Von andern mans wonden yst myr geschen das,
Der ich hude so manchen zu dode han erslagen.
Ab ich des sweren solt, ich kont ys nommer mee volsagen.«
434 Etzel der rych da der mere erschrack.
Bey allen syn zyden lebt er nie leydern tagk.

431,4 weltlich.

428] C 2004, desgl. a, -k 1995, fehlt AB.
429] A 1889, B 1949 (1952), C 2005.
430] -A 1890, -B 1950 (1953), C 2006.
431] A 1891, B 1951 (1954), C 2007.
432] A 1892, B 1952 (1955), C 2008.
433] A 1893, B 1953 (1956), C 2009.
434] Zusatzstrophe.

»Vwe myner frunde; ich clag nit den bruder myn,
Ich clag myn frunde; sal myn dinst an den verlorn sin?«
435 Er sprach: »bruder Danckwart, so hut vns wol der thore
Vnd laß der Hunen komen kein dar vore.
Ich wel reden myt den recken, das vns betzwinget not,
Synt vnser jngesinde vnuerschult lyt dot.«
436 »Sal ich syn kemerer,« sprach der kune man,
»Also rychen konigin ich wol gedinen kan.
So huden ich vch der stegen wol nach den eren myn.«
Den Kremhylten degen den kont nit leyder gesin.
437 »m   ych nympt des mychel wonder,« sprach da Hagen,
»Wa*r* dyese Heunen rument dyß gaden.
Sye wollent licht des entbern, der an der stegen stat
Vnd dye hoffmere den Borgondern gesaget hat.
438 Ich han gehort vil lange von Cremhylten vntrw sagen, 35^v
Das sye yr hertzen leyt nit mene wolt vertragen.
No trincken myr sant Johans mynne* vnd gelten dem konge den wyn.
439 Dye wile *d*in bruder Blodelin der erst wolt sin,
Der dan vnßer jngesinde hat bracht in des dots pin
Dorch solch groß vnschult, wil ich dyr, konig, sagen,
Das Ortleyb, din kint, muß man zuerst dot hut hin dan tragen.«
440 Da sprach getzogentlich Ortleybe das kindelin:
»Neyn, hylt Hagen, laß din zornen sin!
Vnd hat dyr myn muter zu leyde icht gethan,
Neyn, rytter edel, du salt ys mych nit entgelten lan.«

437,2 Was. **439,1** sin.

435] A 1894, B 1954 (1957), C 2010.
436] A 1895, B 1955 (1958), C 2011.
437] -A 1896, -B 1956 (1959), C 2012.
438] A 1897,1–3, B 1957,1–3 (1960,1–3), C 2013,1–3. Z. 4 fehlt.
439–444] Zusatzstrophen.

441 Das kint bot vff dye hende gegen dem vngemuten man:
»Nein, helt Hagen, du salt mych leben lan
Dorch aller forsten ere, rytter wol gemeyt.
By alle myn zytten dede ich dyr nye kein leyt.
442 Du salt mych leben laßen; gewaß ich zu eym man,
Darffst du rat vnd holff, wye gern vnd wol ich dyr dinen kan
Myt lybe vnd gude, des ich gewinen vil.
Da myt ich dyr myt truwen vmber dynen wel.«
443 Als dye fraw Cremhylt des kindes rede vernam,
Sye ging zu dem dysch vnd wolt ene dragen von dan.
Sye sloß jne vnder yr arm vnd wolt jne dan han getragen.
Sye sumpt sych ein wenig zu lang, den slag hat getzogen Hagen.
444 »Was mochstu myr gedinen?« vnd slug auch dar.
»Ich geb dyr myn truw, du byst dotlich gefar.
Dych solt din muter Cremhylt anders han bewart.
Myner finde wyrt eyner lenger nit gespart.«
445 Auch slug er dem zochtmeynster ein swinden slag
Myt beyden sinen henden, der Ortleybes plag,
Das jm sin werdes heubt vor dem dysche lag.
Es was eyn jemerlicher lone, den er dem magtzogen gab.
446 h Er vor kamen getrongen des konig Etzels man. 36r
Myt vffgehaben swerten ly*ff*en sye Hagen an.
Von jm wart getrongen des konig Etzels wip.
Mocht sye Hagen han erreycht, sye het verlorn den lyp.
447 Er sach vor konig Etzels dysch eynen spelman.
Hagen in sym zorn dar gelauffen kam.
Er slug jm vff der fedeln ab dye ein hant:
»Das hab dyr zu botschafft in der Borgonder lant!«

445,4 martzogen. **446,2** lyßen.

445] A 1899, B 1959 (1962), C 2015.
446] Zusatzstrophe.
447] A 1900, B 1960 (1963), C 2016.

448 »Awe myr,« sprach Werbel, des konig Etzels spelman,
»*Her* Hagen von Troyen, was han ich vch gethan?
Ich kam in großen truwen in uwers hern lant.
Wye clenge ich dye seyten, syt ich verlorn han dye ein hant?«
449 Hagen wage ys geringe, vnd solt er gefedeln nommer mere.
Da styffte er in dem huse das hertzlich sere
An des konig Etzels manne, der er manchen slug.
Er slug yr in dem sale zu dode gnug.
450 Syn geselle Folcker vff von dem dysch sprang.
Syn fedelboge jm herlich an der hende erclang.
Er fedelt vngefuge, der starcke spelman.
Ey, was er zu finde der Hunen da gewan!
451 Da sprongen von dem dysch dye dry konig here.
Sye hetten gern gescheden, ee des schadens wer worden mere.
Sye konden myt yren synnen da nicht vnderstan,
Da Folcker vnd Hagen da so sere wuden began.
452 Da sach der vogt von dem Ryn vngescheden den stryt.
Da slug der forst selber manch wonden wyt
Dorch dye lyechten rynge den kunen finden sin.
Es was ein helt zu den handen, das wart da groslich schin.
453 Da kam auch zu dem stryde der *her her* Gernot
Da frompt er de*r* find*e* manchem vil groß not
Myt eym scharpen swert, das jm gab Rudeger.
Des konig Etzels magen frompt er groß sere.
454 Der jongen frauwen Vden sone auch zu dem stryde sprang. 36v
Syn woffen herlich dorch dye helm drang

453,2 den finden.

448] -A 1901, -B 1961 (1964), C 2017.
449] A 1902, B 1962 (1965), C 2018.
450] A 1903, B 1963 (1966), C 2019.
451] A 1904, B 1964 (1967), C 2020.
452] A 1905, B 1965 (1968), C 2021.
453] A 1906, B 1966 (1969), C 2022.
454] A 1907, B 1967 (1970), C 2023.

Des konig Etzels recken vß der Heunen lant.
Da det vil mychel wonder des konig Gonthers hant.
455 w ye from alle warent, dye konig vnd yr man,
Dach sach man zu aller forderst Gyselern stan
By den sin finden; er was ein helt gut.
Er slug vnder den finden manchen nyeder in das blut.
456 Dye da vß waren, dye weren gewest gern hin jne.
Dye selben namen an der stegen vil clein gewine.
Dye da jn waren, wern gern gewest vor dye thore.
Ere ließ der portener yr kein her vore.
457 Da hub sych an der porten ein vil groß getrang,
Vnd auch von den swerten, der vil da erclang.
Des kam der kune Danckwart in vil große not.
Da gedacht Hagen, als jm sin truw gebot.
458 Vil lude ryeff Hagen sin geseln Folckern an:
»Sychstu dort, myn gesel, myn bruder in noden stan
Vnd der hunschen recken myt styrcke plegen?
Frunt Volcker, ernere myn bruder, ee wyr verleren den degen!«
459 »Das thun ich sycherlich,« sprach der kune spelman.
Man sach jne myt der fedeln dorch den palast gan.
Eyn scharpes swert jm dycke in syner hant erclang.
Dye recken von dem Ryne seyten jm des guden dang.
460 Volcker der kune zu Danckewarten sprach:
»Du hast hude erlieden groß vngemach.
Mych bat din bruder dorch hulff zu dyr gan.
Wyltu, so sy du vßen, so wel ich jnerthalben stan.«
461 Danckwart der snelle vor dye thore sprang,
Das eme sin liechte bringe an dem libe erclang brünn

454,4] *Gvnther* statt *Giselher* auch in Fk.
455] -A 1908, -B 1968 (1971), C 2024.
456] -A 1910, -B 1970 (1973), C 2026.
457] -A 1911, -B 1971 (1974), C 2027.
458] Variante zu A 1912, B 1972 (1975), C 2028, k 2019.
459] -A 1913, -B 1973 (1976), C 2029.
460] A 1914, B 1974 (1977), C 2030.
461] Variante zu A 1915, B 1975 (1978), C 2031.

Vnd ein scharpes woffen, das fuert er in der hant.
Also det jnerthalben Folcker vß Borgonder lant.

462 d Er kune fedeler ryeff zu dem degen: 37r
»Dye thore yst wol beslaßen, frunt Hagen.
Sye yst wol verschrencket, des konig Etzels thor,
Von zweyer recken handen; da gent wol dusent regel vor.«

463 Da der starck Hagen sach die thore wol behut,
Den schylt warff er zu rucke, der kune helt vil gut.
Da erst begonde er rechen syner frunde leyt.
Syns zorns must entgelten manch rytter wolgemeyt.

464 Da der vogt von Bern das wonder recht ersach,
das Hagen der starck ⟨*frompt*⟩ den bludigen bach,
Der konig ⟨*der*⟩ Amelong sprang vff ein banck.
Er sprach: »dort schencket Hagen den allerw*ir*sten getranck.«

465 Konig Etzeln dem rychen dem wart truwern not.
Syn besten frunde, dye lagen vor jm dot,
Vnd er vor synen finden selber kume genas.
Was mocht jne gehelffen, das er eyn rych konig was?

466 Da ryeff dye konigin *her* Dyttherichen an:
»Hylff myr von dem huse, du dogenthafftger man,
Myr vnd dem konig vnd dem gesinde myn!
Des wel ich vmb dych, degen, vmber gedinet sin.«

467 »Ich mag vch nit gehelffen,« sprach *her* Dyetherich,
»Edele konigin, ich sorge selber vmb mych.
Es yst zu sere ertzornet des Gonthers man,
Das ich zu diesen zyden nymant frede gemachen kan.«

464,4 aller wusten.

462] A 1916, B 1976 (1979), C 2032.
463] -A 1917, -B 1977 (1980), C 2033.
464] -A 1918, -B 1978 (1981), C 2034.
465] Variante zu A 1919, -B 1979 (1982), C 2035.
466] Variante zu A 1920, B 1980 (1983), C 2036.
467] A 1921, B 1981 (1984), C 2037.

468 »Nein, Berner, kuner rytter gudt,
Laß noch hude schin din dogenthafftgen mudt,
Hylffe myr vnd dem konig vß dyßer großen not!
Ergryffet mych Hagen, so bin ich werlich dot!«
469 »No muß ich dach versuchen, ab ich vch gehe*l*ffen kan,
Wan ich in langen zyden nye gesehen han
So bytterlich ertzornt so manchen rytter gut.«
Sye slugen dorch dye helm das flyßen blut.
470 m yt krafft so begonde ruffen der degen vßerkorn, 37v
Das jm sin stym lut als ein rechtes horn
Vnd das der palast wyt von syme schrey erdoß.
Dye stercke her Diederichs was vnmaßen groß.
471 Da hort konig Gonther ruffen dyesen man
In dem starcken storm; lustern er began.
Er sprach: »Dytterichs stym yst in myn oren komen.
Ich wen das vnser degen ⟨*jm*⟩ haben etw*e*n benomen.
472 Ich sen ene vff gener banck; er winckt myr myt der hant.
Ere frunde vnd yr mage vß Borgonder lant,
Horent vff des stryts, laßet horen vnd sehen,
Was hye *her* Dytherich von vns schadens sy gescheen!«
473 Da der konig Gonther bat vnd auch gebot,
Sye hylten vff myt den swerten weder not,
Das nyemant streyde vnd woren dach gemeyt.
Da re*tt*en myt eyn ander dye degen vnuertzeyt.
474 Er sprach: »vil edeler Dytterich, was yst vch hye gethan
Von den myn frunden? wel ich ys han,

469,1 gehehelffen. **471,4** etwan. **473,4** reden.

468] -A 1922, -B 1982 (1985), C 2038.
469] A 1923, B 1983 (1986), C 2039.
470] -A 1924, -B 1984 (1987), C 2040.
471] -A 1925, -B 1985 (1988), C 2041.
472] -A 1926, -B 1986 (1989), C 2042.
473] -A 1927, -B 1987 (1990), C 2043.
474] A 1928, B 1988 (1991), C 2044.

Svnen vnd bußen bin ich vch bereyt.
Was vch yemant dede, das wer myr jnniglichen leyt.«
475 Da sprach sych der von Bern: »myr yst nach nit gethan,
Des ich kein schaden von vch moge gehan.
No laßet mych von dem huse myt dem gesinde myn!
Des wel ich vch degen allen vmber danck sin.«
476 »Wye flehent yr so sere«, sprach da Wolffhart.
»Ja hat der fedeler dye thore nye so hart verspart,
Ich slyß sye vff so wyt, das wyr da vor mogent gan.«
»No swigent,« sprach *her* Dyttherich, »yr hant gar vbel gethan.«
477 Da sprach der konig Gonther: »erleuben ich vch wel:
No furet von dem huse lutzel ader viel,
An allein myn finde; die sollent hye bestan.
Sye hant myr zu den Hunen so recht leyde gethan.«
478 Der edel Bernere vnder einem arm besloß
Dye edel konigin; yr sorge die was gros. 38r
Da fuert er anderthalben konig Etzeln myt jm dan.
Auch gingent myt jm dan sechs hondert syner man.
479 Da wolt der Hunen eyner des Berners genoßen han,
Vnd auch der konigin er wolt zu forderst gan.
Dem gab der fedeler eyn sweren gygen slag,
Das jm das heubt myt dem helm vor sin fußen lag.
480 »Ere must hin bliben,« also sprach Folcker.
»Ere hant hye gebruwen den mortlichen sere.
Were nit so wol behudet des konig Etzels wip
Her Dyttherich vnder den armen, ich neme yr selber den lip.«

475] -A 1929, -B 1989 (1992), C 2045.
476] A 1930, B 1990 (1993), C 2046.
477] A 1931, B 1991 (1994), C 2047.
478] -A 1932, -B 1992 (1995), C 2048.
479] A 1936, B 1996 (1999), C 2052.
480] Zusatzstrophe.

481 a Ls konig Etzel der rych vor dye thore kam,
Er kert sych weder vmb vnd sach Folckern an.
»Vwe dyß leydes; yst ys nit eyn not?
Sollen alle myn hylden von ⟨*ym*⟩ eynig gelygen dot?«
482 Also sprach der konig Etzel vor der konigin her:
»Dort jnne fecht*et* einer, heyßet Volcker,
Als ein eber wylde vnd yst ein spelman.
Ich danck ys mynem heyl, das ich dem falant entran.
483 Syn strychen lutet vbel, so sin zoge rot,
So vellet sin done manchen rytter zu dode.
Ich weys wes er mych zyhet, der selbe spelman.
Ich wen kein gast, der myr so leyde ye habe gethan.«
484 Da rufft sych auch vß dem huse der mylte Rudeger:
»Frunt vnd mage, solt aber ⟨*uß komen*⟩ yemant mer,
Dye vch gern dynten myt borge vnd myt lant?
No laßet uwer fruntschafft so horen, wye sye sy bewant!«
485 Des antwert Gyseler, der jar gar *ein* kint:
»Sye sint myr gewegin, dye myt myr komen sint.
Ere sint gar getruw vnd auch dye uwern man.
Ere solt gemeynlichen vß dem harten storm gan.«
486 Da ging sych vß dem huse der mylte Rudeger,
Myt jm wol fonff hondert ader mere, 38[v]
Dye von Bechelaren frunde vnd man,
Da von der konig Gonther dar nach großen schaden nam.

482,1 von. **482,2** fechtent. **485,1** eint *(Verschreibung, ohne t-Strich).*

481] A 1937, B 1997 (2000), C 2053.
482] -A 1938, B 1998 (2001), C 2054.
483] A 1939, B 1999 (2002), C 2055.
484] Variante zu A 1933, B 1993 (1996), C 2049.
485] -A 1934, -B 1994 (1997), C 2050.
486] Variante zu A 1935, B 1995 (1998), C 2051.

487 s ye hatten, dye sie wolten, laßen vor den sal.
Da hub sych anderthalb ein luder schal.
Dye gest begonden rechen, was jne vor geschach.
Ey was der kune Folcker liechter helm zubrach!
488 Zu den herbergen gingent die recken also her,
Her Dyttherich von Bern vnd her Rudeger.
Sye wolten myt dem stryde nit zu schaffen han
Vnd geboden auch yren degen: »yr solt sye myt frede lan!«
489 Vnd hetten sye getruwet solich große swere,
Dye ene von jne beyden so konfftig worden were,
Sye weren von dem huse so sanffte nit komen.
Sye hetten ein straffe von den kunen ee gnomen.
490 Sych kert gegen dem schal Gonther der konig her.
»Hore, Hagen, den done von dem fedeler,
Wye er myt den Hunen fedelt, wer gegen der dore gat.
Es yst ein roder anstrech, den er zu fedelbogin hat.«
491 »Mych ruw*et* vnmaßen,« sprach da Hagen,
»Das ich vor Folckern ye gesaß zu dysch, dem kunen degen.
Ich was sin gesel vnd er auch der myn,
Vnd komen myr vmber herweder, des soln wy*r* truen sin.
492 No schaw, konig Gonther, Folcker yst dyr holt.
Er verdint williglich din silber vnd din golt.
Syn fedelboge sneyt dorch den liechten stael.
Er bricht vß den helmen die liechten harten genieten nael.
493 Man sach nye fedeler so herlich gestan,
Als der kune Folcker hude hat gethan.

487,1 sie *über der Zeile nachgetragen.* **491,1** ruwent. **491,4** wyrt.

487] A 1940, B 2000 (2003), C 2058.
488] C 2056, fehlt AB.
489] C 2057, fehlt AB.
490] A 1941, B 2001 (2004), C 2059.
491] -A 1942, -B 2002 (2005), C 2060.
492] -A 1943, -B 2003 (2006), C 2061.
493] -A 1944, -B 2004 (2007), C 2062.

Dye sin slege heln dorch helm vnd dorch rant.
Ja sol er ryden getruwe raß vnd tragen gut gewant.«
494 w As der Hunen mage jn dem huse was gewesen, 39r
Der was nyrgent keiner dar in genesen.
Des was der sal gesweyfft, das niemant myt ene streyt.
Sye daden dye swert vß den henden, dye degen gereyt.
495 Dye hern noch der mude saßen da zu tale.
Volcker vnd Hagen, dye gingen da vor den sal.
Sye leinten sych vber dye schylde, dye vbermuden man.
Da wart rede gnug von jne beyden gethan.
496 Da sprach von Borgonden Gyseler der degen:
»Ja mogent yr, lieben frunde, der ruwe wol plegen!
Ere solt dye doden lude vß dem huse tragen.
Wer werden weder bestanden, das wel ich vch werlich sagen.«
497 »So wol myr solichs hern,« sprach da Hagen.
»Der al*d*e rat zempt nyemant wan eym degen,
Den vns myn jonger *her* hude hat gethan.
Des mogent yr Borgonder wol frolich stan.«
498 Da folgeten sye dem kinde vnd trugen vor dye thore apo k
Wol seben dusent doden worffen sye dar vore.
Vor des steges sale sye worffen sye zu tale.
Da hub sych vor yr manchem ein clegelich schal.
499 Es was yr etlicher so meßlichen wont,
Der sin myt holff het geplegen, er were worden gesont,
Der von dem hoen falle must geligen dot.
Den clagten sin frunde, ys was ene ein jemerlich not.

497,2 alle.

494] -A 1945, -B 2005 (2008), C 2063.
495] -A 1946, -B 2006 (2009), C 2064.
496] A 1947, B 2007 (2010), C 2065.
497] A 1949, B 2009 (2012), C 2066.
498] A 1950, B 2010 (2013), C 2067.
499] A 1951, B 2011 (2014), C 2068.

500 Da sprach der recke Folcker, ein recke vil gemeyt:
»No pruff ich an der worheyt, als man myr hat geseyt:
Dye Hune*n* sint so bose, sye clagen *als* dye wip.
Sye solten sych entruchen vmb manchen doden, der hie lyt.«
501 Es wolt ein Hune wene, er det dye rede dorch gut.
Er sach siner frunde eyn ligen in dem blut.
Er vmb sloß ene myt den armen vnd wolt ene tragen dan.
En schoß aber jm zu dode Folcker der spelman. 39v
502 Da das dye andern sahen, sye huben sych hin dan.
Sye begonden alle flyehen den selben spelman.
Noch hub er vnder den fußen eyn ger an,
Der von den Heunen in das huß geschaßen kam.
503 Den schoß er hin weder dorch die borge dan
Myt siner krafft so ferre. Des konig Etzels man,
Den gab er herberg hoer hin vff in den sale.
Syn vil starckes elende die lude fochten vber ale.
504 d A stont vor dem huse konig Etzel vnd sin man.
Volcker vnd Hagen reden da began
Myt des Heunen konig yrn wiln vnd mut,
Wan sye hyeben dorch dye helm das flyßen blut.
505 »Es zeme vil wol,« sprach Hagen, Folckers drost,
»Das dye hern fechten zu aller forderst,
Als der konig Gonther vnd Gernot dut,
Dye hybent dorch dye ringe das flyßen blut.«
506 Konig Etzel was so kune, er fast sin schylt.
»No farent gewerlich,« sprach frauw Cremhylt,

500,3 hune. als] nit.

500] A 1952, B 2012 (2015), C 2069
501] A 1953, B 2013 (2016), C 2070.
502] A 1954, B 2014 (2017), C 2071.
503] A 1955, B 2015 (2018), C 2072.
504] -A 1956, -B 2016 (2019), C 2073.
505] A 1957, B 2017 (2020), C 2074.
506] A 1958, B 2018 (2021), C 2075.

»Sye byeden scharpe woffen vber schyltes ranfft!
Erreycht vch Hagen, yr hant den dot an der hant.«
507 »Ich mag myt kein eren lenger stille stan.
Myn sone Ortleuben, den ich verlorn han,
Gar an alle sin schulde yst er gelegen dot.
Wye hart ich da gebare, ys dut myr werlich not.«
508 Konig Etzel was so kune, das er wolt bliben nicht.
Also von rychen forsten selden mene geschecht.
Man must ene myt dem feßel weder zyhen hin dan.
Hagen der vil gryme sin aber spotten began:
509 »Es was ein nahe sype,« sprach da Hagen,
»Den konig Etzel vnd Syffert hatten zusamen getragen.
Ere liebet Syffert, ee sye gesach dich,
Konig vil bose, wye redestu vff mych?« 40r
510 Dye rede hort wol Cremhylt, des konig Etzels wip.
Des wart vil vngemut der konigin lyp,
Das er sye getorst schelten vor konig Etzeln yrm man.
Dar vmb sye aber raden an dye gest began.
511 »w Er myr Hagen ersluge,« sprach Cremhylt,
»Dem fulte ich rodes goldes sin schylt.
Der myr sin heubt her truge, dem gebe ich gnug.
Er slug myr Orteleyben, der nye waffen getrug.«
512 Da sprach von Byrgonden Folcker der spelman:
»Ich gesach nye recken so lesterlich stan,
Dye vch hern bytten so richen solt.
Ja solt vch konig Etzel dar vmb nommer werden holt,

507,4 yst.

507] Zusatzstrophe.
508] A 1959, B 2019 (2022), C 2076.
509] -A 1960, -B 2020 (2023), C 2077.
510] A 1961, B 2021 (2024), C 2078.
511] Variante zu A 1962, B 2022 (2025), C 2079.
512] -A 1963, -B 2023 (2026), -C 2080.

513 Das yr als lesterlich eßet hye sin brot,
Vnd yr jm dach wychet hie in syner großen not.
Der sehen ich uwer manchen lesterlichen stan.
Ere wolt als sin kvne, yr mußet laster han.«
514 Etzel der konig rych hat jamer vnd not.
Er claget jemerlich mage vnd der manne dot.
Da stont von manchem lande vil recken so gemeyt,
Dye weinten alle myt Etzeln sin crefftges leyt.
515 Des begonde spotten der kune Folcker:
»Ich sen hye weinen stan manchen recken her.
Sye stan yrm hern vbel in siner großen not,
Ja eßent hye myt schanden vil lange sin brot.«
516 Da gedacht yr etlicher: »er hat vns ware geseyt.«
Es was vnder ene keiner, ys was jm von hertzen leyt.
*A*n Yrrung dem starcken vß der Denmarck lant,
An dem kunen degen man dye worheyt fant.
517 Da sprach vß zorngem mude der marggraue Yrring:
»Ich han vff ere gelaßen alle myn ding
Vnd han in vollen stormen das best vil gethan. 40v
Brenge myr myn geweffe, ich wel Hagen bestan.«
518 »Das wel ich wederraden,« also sprach Hagen,
»Sv gewin ich uwer frunde des da mynner clagen.
Springen uwer vyer her vff den sale,
Wolt yr danne myn beyden, yr gewint des dots vale.«
519 »Dar vmb ich ys nit enlaß,« also sprach Yring
»Ich han vor mene versucht als sorgsam ding. mere

516,3 Von.

513] A 1964, B 2024 (2027), -C 2082. Vgl. Str. 515 (Kontamination).
514] C 2081, desgl. a, -k 2072, fehlt AB.
515] -A 1964, -B 2024 (2027), C 2082, desgl. DIbh. Vgl. Str. 513 (Kontamination).
516] C 2083, desgl. a, -k 2074, fehlt AB.
517] A 1965, B 2025 (2028), C 2084.
518] A 1966, B 2026 (2029), -C 2085.
519] A 1967, B 2027 (2030), C 2086.

Ich darff vch myt dem swert recht wol bestan,
Vnd het yr noch mere dan alle dye wernt gethan.« werlt
520 s ych wopent in dye ringe der marggraue Yring,
Erfryt von Doring, ein sneller jongeling,
Hawart sin *her* vnd drutusent man.
Wes Yring begonde, sye wolten jm alle bystan.
521 Da sach der fedeler ein vil groß schar,
Dye myt Yring gewopent kamen dar.
Sye trugen vff gebonden vil manchen helm gut.
Des wart der kune Volcker ein teyl zornig gnug.
522 Er sprach: »siechstu, Hagen, Yringen dort her gan,
Der dyr gelobt, myt dem swert ⟨*dich*⟩ eynnig zu bestan?
Wye zempt helden liegen? ich wel jm prysen das!
Es gent myt jm gewopent dusent recken ader bas.«
523 »No heyßet mych nit liegen,« sprach Hauwarts man.
»Ich wel ys gern leysten, was ich gelobt han.
Dorch kein slacht focht wel ich ys abgan, forht
Wye freyschlich auch sy Hagen, ich darff jne wol bestan.«
524 »Syn vbel dye yst clein,« sprach aber Folcker.
»Wolt yr gewin bryß vnd dar zu ere,
S*o* springen zu vns hye allein in den sal.
Scheydent yr gesont hin wyder, das nemen uwer frunde war.«
525 Da bot er sych zu fußen magen vnd sin man,
Das sye ene eynig ließen Hagen bestan.
Das deten sye vngern, wan ene was wol bekant
Der vbermut Hagens vß Borgonder lant. 41[r]

524,3 Sye.

520] A 1968, B 2028 (2031), -C 2087.
521] A 1969, B 2029 (2032), C 2088.
522] A 1970, B 2030 (2033), C 2089.
523] A 1971, B 2031 (2034), C 2090.
524] Zusatzstrophe.
525] A 1972, B 2032 (2035), fehlt Cak.

526 Da bat er sye so lange, bys das ys dach geschach.
Da das jngesynde sin willen ersach,
Da worbent sye noch eren vnd ließen ene da gan.
Da wart ein grymig stryden von ene beyden gethan.
527 Da trug der marggraue Yrring vil hoer den ger
Vnd deckt sych myt dem schylde, der stoltz degen her.
Er sprang an dye stegen zu Hagen an den sale.
Von yr beyder henden hub sych ein großer schal.
528 Da schoßent sye dye geren myt crefften von der hant
Dorch dye festen schylte bys vff yr liecht gewant
Vnd das dye gerstangen sprongen davon dan.
Sye greffen zu den swerten, dye zwen wonder kunen man.
529 h Agen da von Troyen, des elende was groß.
Da slug vff ene Yrring, das ys hye vß erdoß.
Palast vnd dorne erhollen von den slegen.
Er kont ene nye verwonden, der zerlich degen.
530 Er kont sin nyrgen gewonden, da lyeß er jne stan.
Zu Volcker dem kunen er gahen began.
Da slugen vff ein ander dye zwen kune man,
Das der palast von jne erdoßen began.
531 Ene slug der fedeler, das vber des schyltes ranfft
Das da das gespenge drant von Volckers hant.
Er must ene laßen bliben; ys was ein vbel man.
Er lieff den konig Gonthern von Borgonden an.
532 Sye waren bede gewaßen zu stryde starck gnug.
Iglicher dem andern da wenig vertrug,
Das von den wonden da myt floß das blut.
Das macht yr licht geweffe, das was vnmaßen gut.

526] A 1973, B 2033 (2036), C 2091.
527] A 1974, -B 2034 (2037), -C 2092.
528] A 1975, B 2035 (2038), C 2093.
529] A 1976, B 2036 (2039), C 2094.
530] Variante zu A 1977, B 2037 (2040), C 2095.
531] A 1978, B 2038 (2041), C 2096.
532] Variante zu A 1979, B 2039 (2042), C 2097.

533 Er kont sin nit gewinen; Gernot lieff er an.
Das fuere vß den helmen er hauwen began.
Da hat von Borgentrich der starck Gernot,
Irring den vil kunen nahe gefelt in den dot.
534 Er sprang von dem, snel was er gnug.
Der stoltzen Borgonder er vier zu dode slug,
Des stoltzen jngesindes zu Wormß vber Rine. 41v
Das sach Gyseler der jonge, er kont nit zornger sin.
535 »n O helff myr got, her Yrring,« sprach Gyseler das kint,
»Ere gelt myr dye viere dye von vch dot sint,
Erstorben von uwern henden!« da myt lieff er ene an.
Er slug den Denmarcken, das er strucheln began.
536 Er schos jm von denn henden nyeder in das blut.
Dye rytter, dye ys sahen, dye ducht ys da gar gut,
Das er in keyme stryde det nommer mee kein slag.
Danoch vnuerwondet Yrring vor Gyselern lag.
537 Von des helmes doß vnd von des swerts clang
Irrings kreffte, dye worden also kranck,
Das er zu dem leben hat keinen wane.
Das hat der jonge Gyseler myt synem elende gethan. ellen
538 Da jm von dem heubt begonde wychen der doß
Von helmen vnd von swerten, der was gewesen groß,
Er gedocht: »ich han nach das leben vnd bin nit wont.
Myr yst erst worden des Gyselers elende kont.« ellen
539 Da hort er allenthalben dye finde by jm stan.
Hetten sye ys gewyst, jm were mene gethan.

535,2 von *über der Zeile nachgetragen.*

533| A 1980, B 2040 (2043), C 2098.
534| A 1981, B 2041 (2044), C 2099.
535| -A 1982, -B 2042 (2045), C 2100.
536| A 1983, B 2043 (2046), C 2101.
537| A 1984, B 2044 (2047), C 2102.
538| -A 1985, -B 2045 (2048), C 2103.
539| A 1986, B 2046 (2049), C 2104.

Auch hette er des Gyselern by jm vernomen.
Er gedacht, wye er solt lebendig von dan komen.

40 Vwe wye grymmiglichen er vß dem blude sprang.
Syner großen snelligkeyt mocht ers sagen dang.
Da lieff er vß dem huse, da er aber Hagen fant,
Vnd slug jm slege gryme myt siner elenthafften hant. ellen-

41 Da gedacht sych Hagen: »du must des dots wesen. haften
Dych nere dan der tufel, so kanstu nit genesen.«
Danoch wart Hagen gewont doch ein helm gut
Myt eym swert, das hyeß Waschen, das was ein woffen gut.

42 Da der gryme Hagen der wonden da entpfant,
Da erwacht jm vngefuge das swert jn siner hant. 42r
Da must jm da entwichen des Hauwarts man.
Zu tal von dem huse Hagen jm noch lauffen began.

43 Irring vber heubt den schylt vil balde geswang,
Vnd wer dye stege danoch dryer staffeln lang,
Da kont Yrringen worden sin kein slag.
Ey was roder foncken da vff syme helm gelag!

44 e r kam zu synen frunden hin vß wol gesont.
Kremhylten der konigin worden dye mere kont,
Wye er Hagen myt stride hette angethan.
Dye edel konigin jm fast dancken began:

45 »No lone dyr got von hymel, edeler rytter gut.
Ere hat myr wol getrostet das hertz vnd myn mut.
Ich sehen Hagen bludacht dort das sin gewant.«
Dye konigin von liebe nam jm de*n* schilt von siner hant.

545,4 der.

540] A 1987, B 2047 (2050), C 2105.
541] A 1988, B 2048 (2051), C 2106.
542] A 1989, B 2049 (2052), C 2107.
543] -A 1990, -B 2050 (2053), C 2108.
544] A 1991, B 2051 (2054), C 2109.
545] A 1992, B 2052 (2055), C 2110.

546 »Ere moget jm wol dancken zu maßen,« sprach da Hagen.
»Da yst noch hart clein da von zu sagen,
Vnd wolt yrs nach versuchen, so were er ein kune man.
Dye wonden yst nach gar clein, dye ich von jm entpangen han.
547 Das yr von myner wonden secht dye ringe rot,
Das hat mych verreyßet vff ene vnd manchs mans dot.
Myr hat der degen Yrring leydes nit gethan.
Mag ich ys weder schaffen, ys wyrt nit gelan.«
548 Da kert er sych zu der luffte der vß Dennelant.
Da kult er dye ringe, den helm er abe bant.
Da sprachen da dye lude, er wer kune gnug.
Da von der marggraue gewan ein freydenrichen mut.
549 Er sprach zu sin frunden: »verware, so wyst das:
Ere solt mych bas verwopen; ich wel ys versuchen bas,
Ab ich betzwingen mocht den vbermudigen man.«
Im was sin schylt zuhauwen; ein beßern man jm gewan.
550 Schyer wart der marggraue aber verwopent bas.
Eyn glene scharpe nam er dorch den haß. 42v
Da myt so wolt er zwingen den vbermutigen man.
Da erbeydet sin vil kume der rytter wolgethan.
551 Da mocht sin nit erbeyden Hagen der kune degen.
Myt schyßen vnd myt werffen lieff er jm entgegen
Dye stegen bys an das ende; sin zorn der was gros.
Yring siner styrcke gar wenig genos.
552 Sye slugen vff ein ander, das ys foncken began,
Das das fuer erlucht vber des Hauwarts man.
Er wart von Hagens swert da als vbel wont
Dorch helm vnd heubt, das er nommer me wyrt gesont.

546] -A 1993, -B 2053 (2056), C 2111.
547] Variante zu A 1994, B 2054 (2057), C 2112, k 2103.
548] A 1995, B 2055 (2058), C 2113.
549] A 1996, B 2056 (2059), C 2114.
550] A 1997, B 2057 (2060), -C 2115.
551] A 1998, B 2058 (2061), C 2116.
552] A 1999, B 2059 (2062), C 2117.

553 a Ls Yrring der kune der wonden da entfant,
Den schylt ruckt er hoer vor das naßbant.
Er wolt den schaden decken, der jm was getan.
Es geschach jm von schyrmen des Gonthers man. under schyrmen mee von?
554 Eyn glene scharpe er vor den fußen fant.
Dye schoß er myt crefften dorch des helmes want,
Das dye stange ruckt von dem heubt her dan.
Der vbermutig Hagen hat jm den dot gethan.
555 Da must Yrring wych*en* zu den vß Dennerlant.
Ee das man jm den helm voln abgebant,
Dye glene zoch man vß den wonden; da naet jm der dot.
Da weinten sin frunde, den det ys werlich not.
556 Da kam dye konigin in das huß gegangen.
Sye clagt gar clegelich den schadenhafften manne,
Der nit genesen mocht. was das nit ein not?
Da must Yrring von den wonden kyesen da den dot.
557 »No laßet dye clage bliben, edels forsten wyp!
Was hylffet uwer weynnen? ja muß ich den lip
Verlyesen von der wonden, dye myr yst gethan.
Der dot wel mych nit mere vch vnd konig Etzeln dinen lan.«
558 Er sprach zu den vß Doringen vnd Denmarcker lant:
»Es sal keine gabe entphaen uwer keins hant 43^{r}
Von der konigin, yr golt vnmaßen rot.
Welcher myt Hagen strydt, dere yst werlich dot.«
559 Er begonde bleychen; des dodes zeychen er trug.
Da was ys Yrring dem starcken leyt gnug,

555,1 wych.

553] Variante zu A 2000, B 2060 (2063), C 2118, k 2109.
554] A 2001, B 2061 (2064), C 2119.
555] A 2002, B 2062 (2065), C 2120.
556] Variante zu A 2003, B 2063 (2066), C 2121.
557] -A 2004, B 2064 (2067), -C 2122.
558] A 2005, B 2065 (2068), C 2123.
559] -A 2006, -B 2066 (2069), C 2124.

Der nit genesen mocht, des Hauwarts man.
Da must ys an ein stryden von sin frunden gan.
560 h auwart sych balde da wopen began,
Erefryede der kune, der rytter wolgethan
Vnd drue dusent recken. Da hub sych der dos.
O was scharper glen man gegen den Borgondern schoß!
561 Erefryet der here lieff an den spelman,
Da von er großen schaden von synen henden nam.
Der stoltz fedeler den langgrauen slug
Dorch eyn helm vest; ja was er zornig gnug.
562 Da slug *h*er Yrfryet vff den spelman,
Das ⟨*er*⟩ daz gespenge drante von Folckern hin dan
Vnd das sin liechte bringe wart von fuer rot. brün
Dach frompt der fedeler dem langgrauen den dot.
563 Hauwart vnd Danckwart, die waren zusamen komen.
Man mocht wol großen wonder von jne han vernomen.
Dye swert zu dale vieln den helden in der hant.
Hauwart must ersterben von den vß Borgonderlant.
564 Der Doringer vnd der Denmarcker hern waren gelegen dot.
Da hub sych vnder den frunden angst vnd not.
Ee sye dye stegen gewon myt elenthaffter hant, ellen-
Es must vor zubrechen manch herlich ranfft. hafte
565 »Entwychet ene,« sprach Volcker, »vnd laßet sie herin gan.
Sye mogent nit volnenden, des sye wyllen han.
Sye mußen alle sterben in gar kortzer tag zyt,
Myt dem dode erarnen, was jne dye konigen gyt.«

562,1 der.

560] A 2007, B 2067 (2070), C 2125.
561] A 2008, B 2068 (2071), C 2126.
562] A 2009, B 2069 (2072), C 2127.
563] A 2010, B 2070 (2073), C 2128.
564] A 2011, B 2071 (2074), C 2129.
565] A 2012, B 2072 (2075), C 2130.

566 Drutusent vnd vyer dye kament in den sale.
Da wart yr etlychem das heubt geleynet zu tale
Von den guden swerten, dye sye fuerten in der hant. 43v
Volcker vnd Hagen waren zwen degen wol erkant.
567 Als dye vngefugen kamen in das huß,
Da hub sych von den swerten manch swinder suß.
Sye musten alle sterben in gar kortzen tagen.
Schyer hort man leyde mere von den elenden sagen.
568 Dar nach wart ein stylle, das der schal gar verdoß.
Das blut da allenthalben dorch dye locher floß.
Dye regelstein vß vieln von den kunen man.
Das hatten dye von dem Rine myt großem elen getan.
569 s ye saßen noch der mude hin zu dale.
Schylte vnd waffen leinten sye fur den sal.
Volcker der kune ging vor dye thore stan.
Er wart schadens mere von konig Etzels man.
570 Der konig claget sere; so dede auch das wip.
Rytter vnd frauwen dye quelten yren lyp.
Ich wen de*r* dot des tages het vber sye gesworn.
Von den Nebelongen wart manch hylt verlorn.
571 »No beydent ein wyle,« sprach da Hagen.
»Ja laßen wyr den Hunen so vil zu clagen,

570,3 den.

566,1] -A 2014,1, -B 2074,1 (2077,1), -C 2132,1, *Ir tausent und auch vire kamen in den sal* k 2123,1.
566,2] A 2013,2, B 2073,2 (2076,2), C 2131,2, k 2122,2.
566,3–4] Nur n.
567,1] Variante zu A 2013,1, B 2073,1 (2076,1), C 2132,1, -k 2122,1.
567,2] A 2014,2, B 2074,2 (2077,2), -C 2132,2, -k 2123,2.
567,3–4] Variante zu A 2014,3–4, B 2074,3–4 (2077,3–4), C 2132,3–4, k 2123,3–4.
568] A 2015, B 2075 (2078), C 2133.
569] Variante zu A 2016, B 2076 (2079), C 2134.
570] A 2017, B 2077 (2080), C 2135.
571] -A 2018, -B 2078 (2081), C 2136, k 2130 (Kontamination).

Das sye der hochtzyt nommer vergeßen hye.
Was hylfft no Kremhylten, das sye vns an dem Rin nit lie?
572 Entwopent uwer heubt!« sprach Hagen der degen.
»Ich vnd myn gesellen wollen uwer plegen.
Wolt vns henne suchen des konig Etzels man, hie in
So warn ich myn hern, so ich aller schyerst kan.«
573 Da entwopent sin heubt mancher rytter gut.
Sye saßen vff dye doden nyder in das blut,
Dye von yren handen waren zu dem dode komen.
Da wart der elenden wenig war da gnomen.
574 Myt trincken vnd myt kast yr da nymant plag.
Sye hatten zu dem libe bys an den verden tag
Von keiner slacht spyse, brot noch den wine.
Wye kont den kunen recken vmber weerß gewest sin!
575 Es begonde nachten; da schuff der konig das 44r
Vnd auch dye konigin, das sye ys versuchten baß.
Sye sahen vff dem hoffe manchen werden man,
Nach bas dan zwentzyg tusent, die musten da zu stryt gan.
576 Der stryt wart also hart gein den gesten gethan.
Danckwart, Hagens bruder, der vil snelle man,
Sprang von syn frunden zu den fynden vor dye thore.
Sye meynten, er were gestorben; er sprang gesont her vore.
577 d Er storm wart also hart, byß ene dye nacht benam.
Da werten sych dye gest, als helden gar wol getzam,
Gegen des konig Etzels mogen ein somerlangen tag.
O was der hunschen recken dot da vor ene lag!
578 An dem drytten morgen das mort da geschach,
Da dye fraw Cremhylt yr hertzenleyt gerach

572] A 2018, B 2078 (2081), -C 2136 (Kontamination).
573] A 2019, B 2079 (2082), -C 2137.
574] Zusatzstrophe.
575] A 2020, B 2080 (2083), -C 2138.
576] A 2021, B 2081 (2084), -C 2139.
577] A 2022, B 2082 (2085), C 2140.
578] A 2023, B 2083 (2086), -C 2141.

An den nesten frunden vnd an manchem werden man,
Da von der konig Etzel freude nommer mene gewan.
79 Vnd ene was der tag zugangen vnd nahet ene dye not,
Sye gedochten, ene were vil weger ein vil kortzer dot
Dan lange quelin vff vngefuges leyt.
Eins freden sye gerten, dye stoltzen rytter gemeyt.
80 Sye hatten der großen manslacht also nit geacht.
Sye hetten ys in yr acht gern dar zu bracht,
Das nar Hagen eynig den lyp het da gelan.
Da schuff der vbel tuffel, das ys vber sye alle must gan.
81 Sye baden, das man den konig Etzel brecht dar,
Dye blutfarben recken vnd auch harnesch far.
Da draden vß dem huße dye dry konig here.
Sye wosten nit, wem sye clagen solten yr hertzlich sere.
82 Da kam der konig Etzel myt siner frawen dar.
Das lant was yr eygen; des meret sych yr schar.
Er sprach zu den konigen: »was wolt yr myn?
Ere went gnade zu finden; das mocht gar mogelich sin
83 Vff schaden also groß, den yr myr hat gethan.
Dan leben ich kein wyle, ys sal vch vnuergeben stan.
Myn kint yr myr erslugt, dar zu den bruder myn.
Frede vnd dar zu sune sal vch versaget sin.« 44v
84 Da sprach konig Gonther: »ys det vns mychel not,
Als myn gesinde lag von helden dot
An der herberge. wye hat ich das verschult?
Wyr kamen her dorch trw vnd auch in diner holt.«
85 Da sprach von Borgentrich Gyseler das kint:
»Ere hunschen recken, dye nach lebentig sint,

579] A 2024, B 2084 (2087), C 2143.
580] C 2142, desgl. a, -k 2136, fehlt AB.
581] A 2025, B 2085 (2088), C 2144.
582] A 2026, B 2086 (2089), C 2145.
583] A 2027, B 2087 (2090), -C 2146.
584] A 2028, B 2088 (2091), C 2147.
585] A 2029, B 2089 (2092), C 2148.

Was zycht yr mych helden, was han ich vch gethan,
Vnd ich dorch groß trw her gereden han?«
586 Sye sprachen: »diner gude yst dye borg alle vol.
Das du nit komen werest, das gonden wyr dyr wol,
Her zu dyßer hochtzyt von Wormß vber Ryn.
Ere hant dye lant verw*e*yst, du vnd dye bruder din.«
587 Da sprach von Borgentrich Gonther der degen:
»Der no dyß sach wolt zu eyner sune wegen
An vns elenden, das ducht mych wol gut.
Es yst gar an schulde, das vns der konig Etzel dut.«
588 Da sprach der konig Etzel: »myn vnd uwer leyt,
Dye sint vnglych. dye mychel erbeyt,
Den schaden zu den schanden, den ich von vch han gnomen,
Des sal myt dem leben uwer keiner von hin komen.«
589 Da sprach zu dem konig Gernot der hochgemut:
»So sal vch got gebyeden, das yr so wol dut:
Wycht von dem huse; lost vns zu vch gan,
Sint wyr zu unserm leben haben so clein wan.
590 Was wyr vns soln nyeden, das laßet schyer ergan. *Wes*
Ere hant nach so vil der gesonden, dornt sie vns bestan,
Das sye vns storm muden nit laßen genesen.
Wye lang soln wyr recken in dyßer not wesen?«
591 Des konig Etzels recken hatten ys nahe gethan.
Sye wolten sye vß dem huße haben laßen gan.
Da das erhort Cremhylt, ys was yr leyt.
Da wart den elenden der frede vff geseyt.

586,4 verwyst.

586] A 2030, B 2090 (2093), -C 2149.
587] A 2031, B 2091 (2094), C 2150.
588] -A 2032, -B 2092 (2095), C 2151.
589] -A 2033, -B 2093 (2096), C 2152.
590] A 2034, B 2094 (2097), -C 2153.
591] A 2035, B 2095 (2098), C 2154.

592 »Nein, yr kunen recken, wes yr habent mut,
Ja rat ich vch jn gantzen truwen, das yr ys nit endut, 45r
Das yr den mort großen icht laßet vor den sal.
Es musten uwer frunde lyden dotlich qual.
593 Ab joch nymant lebet dan allein Vden kint,
[ ] myn edeln bruder, vnd komen sye an den wint,
Erkulent sye dye ringe, so sint yr gar verloorn.
Es worden kuner degen zu dyßer wernt nye geborn.« werlt
594 Da sprach Gyseler: »liebe swester myn,
Wye mocht ich das getruwen, das du mych vber Rine
So mynniglich ladest her in dyn eygen lant,
Das myr so großer komer worde hye von dyr bekant?
595 Ich was dyr ye getrw vnd det dyr nye kein leyt.
Vff solich getinge ich her zu hoffe reyt,
Das du myr holt werest, edel swester myn.
Laß vns gnade finden, sint ys nit anders mag gesin!«
596 »i ch mag vch nit genaden, vngnode ich von vch han.
Myr hat von Troyen Hagen leydes so vil gethan
Daheym vnd hye zu lande, erslug myr myn kint. er slug?
Des mußent alle entgelten, die myt jm her komen sint.
597 Wolt yr aber myr myn fint hye zu gysel geben,
So wel ich nit versprechen, ich wel vch laßen leben,
Wan yr sint myn bruder vnd einer muter kint,
So rede ich zu eyner svne myt den recken, dye da hye sint.«
598 »Das muß vns got verbyeden,« also sprach Gernot.
»Ab vnser dusent wern, wyr wolten geligen dot

593,2 Vnd dar zu myn.

592] A 2036, B 2096 (2099), C 2155.
593] A 2037, B 2097 (2100), C 2156.
594] -A 2038, -B 2098 (2101), C 2157.
595] A 2039, B 2099 (2102), C 2158.
596] -A 2040, -B 2100 (2103), C 2159.
597] -A 2041, -B 2101 (2104), C 2160.
598] A 2042, B 2102 (2105), C 2161.

Der syppe dyner mage, ee wyr dyr eyn man
Gebent hye dyr zu gysel; das wyrt nomer gethan.«
599 »Wyr mußen dach sterben,« sprach da Gyselere.
»Vns entscheyt da nymant von rytterlicher were.
Wer gern myt vns strede, wyr sint aber hye.
Wan ich der mynen frunde nye kein gelie.«
600 Da sprach der fedelere: »edel konigin,
Was mocht vch gehelffen, ab dye hern myn
Hagen zu gysel gebe, des Gonthers man.
Ene vnd Danckwarten, sin bruder, wel ich nommer mee ge- 45v
lan.«
601 »Des lon vch got von hymel, edeler Folcker!«
Also sprach von Troyen Hagen an dye konigin here:
»Es kan nymant gescheyden dyß angst vnd not,
Es du dan got allein vnd myn elender dot.«
602 Da sprach der kune Danckwart vor dye degin:
»Ja stat nach nit eynnig myn bruder Hagen.
Dye hye den freden versprechent, ys mag jne werden leyt.
Des brengen wyr sye jnen; das sy vch werlich geseyt.«
603 d A sprach dye konigin: »yr helden wol gemeyt,
No gent der stegen neher vnd rechet uwer leyt!
Das wel ich vmber verdinen, als ich von recht sal.
Des Hagens vbermut, des gelon ich jm wol.
604 Springet zu dem huße, yr recken vber ale,
So heyß ich an vyer enden zonden an den sale.
So werdent wol gerachen alle myn leyt.«
Des konig Etzels degen, dye warn schyr bereyt.

601,3 angst d *(ungetilgte Verschreibung)* vnd.

599] -A 2043, -B 2103 (2106), C 2162.
600,1–601] Zusatzstrophen.
602] A 2044, B 2104 (2107), C 2163.
603] -A 2045, -B 2105 (2108), C 2164.
604] A 2046, B 2106 (2109), C 2165.

605 Dye vor dem hußе stondent, die treyb man in den sal.
Myt geschutz vnd werffen wart so groß der schal.
Da kont sye nymant gescheyden, die konig vnd yr man.
Sye mochten da von druwen nit gelan.
606 Da hyß sye den sal entzonden, des konig Etzels wip.
Da quelet man den gesten myt fuer yren lyp.
Das huß von eym winde hart hoch entbran,
Das kein folcke großer angst nye gewan.
607 Da ryeff einer dar jnne: »uwe dyßer not!
Ich wolt in eym folkomen storm lieber ligen dot.
Das muß got erbarmen, soln wyr verlern den lyp!
Es rechet vngefuge an vns konig Etzels wip!«
608 Ere eyner sprach: »dar jne wyr mußen geligen dot
Von rauch vnd von hytz; das yst ein große not.
Myr dut von rechter hytz der dorst also wee,
Ich wen, das myn leben in dyßen sorgen zugee.«
609 d A sprach von Troyen Hagen: »yr edeln rytter gut, 46r
Wen der dorst no hye zwinge, der drincke das blut.
Das yst in solichen noden nach beßer dan der wine.
Vor trincken vnd vor spyse ys mag nit anders sin.«
610 Da ging der recken eyner, da er eyn recken dot fant.
Er knyet jm zu den wonden, den helm er jm ab bant.
Da begonde er trincken das flyßen blut.
Wye ys dach nit syede were, so ducht ys ene doch gar gut.
611 »No lon vch got, *her* Hagen,« sprach der mude man.
»Von uwerm guden rade ich gar wol getroncken han.
Myr wart by myn zyden nye geschenckt beßer win.
Lebe ich kein wile, ich wel vch holt dar vmb sin.«

605] A 2047, B 2107 (2110), -C 2166.
606] A 2048, B 2108 (2111), C 2167.
607] A 2049, B 2109 (2112), C 2168.
608] -A 2050, -B 2110 (2113), C 2169.
609] -A 2051, -B 2111 (2114), C 2170.
610] A 2052, B 2112 (2115), C 2171.
611] A 2053, B 2113 (2116), C 2172.

612 Da dye andern horten, das ys ducht den gut,
Danoch was yr mene, die da troncken das blut.
Da von gewan krafft so groß manch werder man,
Da von der konig Etzel großen schaden gewan.
613 Das hus was vberwelbet myt einer muren wyt,
An den orten vndersetzet myt blien sueln zu der zyt.*
Wan dye hytz an ging, dye solten gesmoltzen haben.
Also wolt sye dye helden myt den muren han erslagen.
614 Dye sueln begonden smeltzen von des fures not.
Sye bestrechen sye vil balde myt dem blude rot.
Hagen vnd Folcker, dye zwen kune man,
Bogen sych vnder zwen schylte; das hatten ⟨*sye*⟩ schyer gethan.
615 Das fuer vil genote zu ene in den sal.
Da leinten sye ys myt den schylten hin zu thal.
Der rauch vnd auch dye hytze det jne beyden wee.
Ich wen, das andern hylden der jamer nommermee geschee.
616 Da sprach von Troyen Hagen: »stant vff des sales want!
No laßet nit dye brende falen vff uwer keins hant,
Vnd dredent sye nyeder myt den fußen in das blut!
Es yst eyn vbel hochtzyt, dye vns dye konigin dut.«
617 In solichem gethanem leyde ene dye nacht also zuran.
Nach stondent vor dem huß zwen kune man,
Volcker vnd Hagen, geleint vber des schilts ranfft. 46v
Sye warten schadens mere von des konig Etzels hant.
618 Dye gest halffe das sere, das der sal gewelbet was.
Da von yr des da mere von der not genaß,
Wan das sye zu eynem fenster leden große not.
Da nerten sych dye degen, als ene yr elen gebot.

613,2 Myt.

612] A 2054, B 2114 (2117), C 2173.
613–614] Zusatzstrophen.
615] A 2055, B 2115 (2118), C 2174.
616] A 2056, B 2116 (2119), C 2175.
617] A 2057, B 2117 (2120), -C 2176.
618] C 2177, desgl. a, -k 2171, fehlt AB.

19 d A sprach der fedeler: »so gen wyr vor den sale. vor] in?
So woln dye Hunen wen vber ale,
Wyr sint an der not gestorben, dye an vns yst gethan.
Sye sehen vnßer etlichen nach elendig vor jne stan.« ellenlich
20 Da sprach von Borgentrych Gyseler das kint:
»Ich wen, ys tagen wolle; sych hebet ein kuler wint.
No laß vns, got von hymel, lieber zyt geleben!
Vns hat myn swester Cremhylt ein arg hochtzit geben.«
21 Da sprach aber einer: »ich kyeß aber eins den tag.
No sint ys vns nit beßer hye gewerden mag,
So bereyt yr vch, recken, zu stryde, das yst vns gut,
Myr komen dach nommermee heym, das yrs myt eren dut!«
22 Da hat ein hunscher recke da gar wol gesehen,
Das dye gest lebten, wye vil ene was gescheen
Zu schaden vnd zu leyde, den konigin vnd yrn man.
Man sach sye by ein ander in eyner kamern stan.
23 Konig Etzeln kament mere, sye weren alle dot
Von der starcken hytze vnd von des fures not.
Danoch lebt yr dinne sechs hondert kuner man,
Das weder konig noch keyser beßer helden nye gewan.
24 Man sagt der konigin, yr were vil genesen.
Da sprach dye fraw: »wie moch das gewesen,
Das yr keiner lebt in des fures not?
Ich wel des baß getruwen, das sye alle geligen dot.«
25 Noch genesent gern dye forsten vnd yr kunen man,
Ab ymant het gnade da an ene gethan.
Des konden sye nit finden an den vß Hune*n* lant.
Da rachent sye yr styrcke myt vil wilger hant.

625,3 huner.

619] -A 2058, -B 2118 (2121), C 2178.
620] A 2059, B 2119 (2122), C 2179.
621] -A 2060, -B 2120 (2123), C 2180.
622] A 2062, B 2122 (2125), C 2182.
623] A 2061, B 2121 (2124), C 2181.
624] -A 2063, -B 2123 (2126), C 2183.
625] A 2064, B 2124 (2127), C 2184.

626 W ye fru man ene weder balde morgengrus enbot 47r
Myt eym harten storm! des kamen dye helden in not.
Da wart zu ene geschaßen myt mancher scharpen glener.
Dach fonden sye da in zu were die recken her.
627 Des konig Etzels jngesinde erwecket was der mut.
Sye wolten verdinnen der Cremhylten gut.
Dar zu wolten sye leysten, das ene yr *her* gebot.
Des kamen aber dye recken in engstlich not.
628 Von gut vnd auch von gabe man mochte wonder sagen.
Sye hyeß das golt so rot vff schylden vor sych tragen.
Sye gabe ys, wer ys wolt vnd geruchte zu haben.
No wart nye großer solt vff dye finde getragen.
629 Eyn mychel teyl der recken da zu gewapent gingen.
Da sprach der fedeler: »wyr sin aber hye!
Ich gesach zu dem dode nye helden lieber komen,
Dye das golt so rot vff vns zu solte haben gnomen.«
630 Da ryeff yr aber eyner: »ernoer, yr helden, baß!
Das wyr da enden sollen, by der zyt thun wyr das!
Hye blibet nymant, dan der sterben sol.«
Dach sach man die schylte stecken glen vnd geschotz vol.
631 Was mag ich sagen mere? wol zwolff hondert man
Versuchten ys vil sere weder vn*d* danne.
Da kulten an den finden din gesten wol yr mut.*
Es mocht nyemant gescheyden; da sach man flyßen das blut

631,2 vns.

626] -A 2065, -B 2125 (2128), C 2185.
627] -A 2066, -B 2126 (2129), C 2186.
628] A 2067, B 2127 (2130), C 2187.
629] -A 2068, -B 2128 (2131), C 2188.
630] A 2069, B 2129 (2132), C 2189.
631] -A 2070, -B 2130 (2133), C 2190.

632 Vß ferch dyeffen wonden, der wart da vil geslagen.
Da hort man yr gnuge noch den frunden clagen.
Dye frunde storben alle d*em* rychen konige here.
Des hatten yr lieben frunde noch ene leyt vnd sere.
633 Sye hatten gegen dem morgen gar wol gethan.
Den mylden marggrauen sach man zu hoffe gan.
Er schauwet beydenthalben den mortgrymgen sere.
Da weinet vngefuge der getruwe Rudeger.
634 »Vwe,« sprach der recke, »das ich ye den lyp gewan.
Das desen groβen jamer nymant wolt vnderstan.
Wye gern ich ys freden wolt, der konig endut ys nicht, 47v
Wan er syner leyde ye mer vnd mer gesicht.«
635 d A sant an *her* Dytterich der gut Rudeger,
Ab sye konden versunen ys an dem konige her.
Da enbot er jm erweder, ys mocht nymant vnderstan,
Es wolt der konig Etzel lenger kein freden ⟨*han*⟩.
636 Da sach ein hunscher reck Rudegern gan
Myt weinden augen; des hat er vil gethan.
Er sprach zu der konigin: »no schawet, wye er gat,
Der den gewalt meynst von vch vnd konig Etzeln hat,
637 Vnd dem ys alles dinet, lude vnd lant!
Wye yst so vil der borge vnd erbe an jm bewant,
Der er von dem konig so vil gehaben mag!
Er geslug an dem storm nach nye lobeliche slag.
638 Mych doncket, er geruch nit, wye ys vmb vch ergat,
Das er danoch solichen synen wiln hat.

632,3 dye. **634,1** recke *korr. aus* recker.

632] A 2071, B 2131 (2134), C 2191.
633] A 2072, B 2132 (2135), C 2192.
634] A 2073, B 2133 (2136), C 2193.
635] A 2074, B 2134 (2137), C 2194.
636] A 2075, B 2135 (2138), C 2195.
637] -A 2076, -B 2136 (2139), C 2196.
638] A 2077, B 2137 (2140), C 2197.

Man gyecht jm, er sy kuner, dan ymant moge gesin,
Das yst in dyesen sorgen worden boßlich schin!«
639 Myt trureclichem mude der getruw man,
Den er das reden hort, den blecket er an.
Er gedacht: »du salt das erarnen! er spricht du syst verzagt. du
Du hast dye din mere vil zu lude gesagt!« sprich
ich sy
640 Dye fust begonde er zwingen; da myt lieff er ene an.
Er slug den hunschen recken, das er strucheln began
Vnd viel jm vor dye fuß. den hylt begreyff der dot.
Des hat sych aber gemeret des konig Etzels not.
641 »Poch, du zage boser,« also sprach Rudegere.
»Gnug großes leydes han ich vmber mere.
Das ich myt jm nit stryde, war vmb verwystu myr das? myt i
Ja bin ich den gesten von schulden nit gehaß. (Dat.
642 Alles das sye wolten, das het ich ene gethan,
Wan ich dye forsten edel zu huse geladen han.
Ich was y*r* geleyt in myns hern lant.
Des sal myt ene nit stryden myn elenthafftige hant. ellen-
643 Da sprach der konig Etzel: »wye no, Rudegere, haftig
Wye hastu geworben, edeler rytter here,
Vnd ich so vil der finde hye zu huse han? 48r
Ich darffe yr nit mene; yr hant vbel gethan!«
644 Da sprach der marggraue: »yr betrubet myr den mut er be-
Vnd hat myr verwyßen ere vnd gut, trubte
Das ich von uwern handen so vil gnommen han.
Das yst dem lugener ein teyl zu vnstaden komen an.«

642,3 ye.

639] A 2078, B 2138 (2141), C 2198.
640] A 2079, B 2139 (2142), C 2199.
641] A 2080, -B 2140 (2143), -C 2200.
642] A 2081, B 2141 (2144), C 2201.
643] A 2082, B 2142 (2145), C 2202.
644] A 2083, B 2143 (2146), C 2203.

645 Da kam dye konigin vnd hat wol gesehen,
Was dem hunschen recken von Rudegern was gescheen.
Sye begonde heyß wein, yr augen worden naß.
»Rudeger, wo myt haben wyr vmb vch verdint das,
646 Das yr myr vnd dem konig nit rechent vnser leyt?
No hant yr vns dach als da her geseyt,
Ere wolt dorch vns wagen uwer ere vnd leben.
Ich hort vil der recken vch den pryß geben.«
647 Sye sprach: »gedenck, Rudeger, das du myr hast gesworn,
Da du myr zu Etzeln ryede, degen hochgeborn,
Du wolst myr helffen, dye wile du hest den lyp.
Das laß hude erschin!« sprach des konig Etzels wip.
648 »Ja wel ich vch nit leycken, ich swore vch, edel wip,
Ich wolt dorch vch wogen ere vnd lip.
Das ich verlyesen myn sele, das han ich nit gesworn.
Ich lude her zu huße uwern bruder hochgeborn.«
649 Sye sprach: »gedenck, Rudeger, der großen truwe din,
der stadt vnd des eydes, das du den schaden myn
V*m*ber wolst rechen vnd alles myn leyt.
Des erman ich dich hude, degen gemeyt.«
650 Konig Etzel vnd Cremhylt da weinen began.
Sye boden sych zu fuße beyde vor den man.
In großem vnmude Rudegern man da sach.
Ach got, wye jemerlich der getruwe reck sprach:
651 »No muße ys got erbarmen, das ich ys gelebet han.
Aller myner eren muß ich hye abe gan,

649,3 Vber.

645] A 2084, B 2144 (2147), -C 2204.
646] A 2085, B 2145 (2148), C 2205.
647] Variante zu A 2086, B 2146 (2149), C 2206, -k 2200.
647,2] *Da ir mir riet, zu nemen den kunig hochgeporen* k 2200,2.
648] A 2087, B 2147 (2150), C 2207.
649] -A 2088, -B 2148 (2151), C 2208.
650] A 2089, B 2149 (2152), -C 2209.
651] A 2090, B 2150 (2153), C 2210.

Druwe vnd stede, dye myr got gebot.
Rycher got von hymel, das myr ys wende der dot!
652 Welchs ich no laßen vnd das ander began, 48v
So han ich werlich boßlich vnd gar vbel getan.
Laß ich sye bede, so schelten mych alle dyet.
No ruch mych sin bewysen, der myr myn leben behylt.«
653 Da baden sye gnade, der konig vnd sin wip.
Des must syt verliesen der degen sin lip.
Dach von Rudegers handen auch ein helt erstarb.
Ere mogent balde horen, das er jemerlich vertarb.
654 Er focht schaden gewine vnd vngefuges leyt.
Er het ys dem konig gern verseyt
Vnd auch der konigin, wan er wost wol das,
Ab er ein slug, das jm dye andern worden gehaß.
655 Da sprach der marggraue zu dem forsten wolgethan:
»*Her* der konig, nemet weder, was ich von vch han.
Das lant zu den borgen, das sal hye bestan.
Ich wel vff mynen fußen in das elende gan.
656 Alles gudes an no rume wyr das lant.
Myn wip vnd myn dochter nymme ich an myn hant,
Ee das ich an truwe mußе geligen dot.
Ich het genomen vbel uwer golt so rot.«
657 Da sprach der konig Etzel: »wer holff dan myr?
Das lant zu den borgen, das gebe ich alles dyr,
Das du mych rechest, Rudeger, an den finden myn.
Du salt eyn konig geweltig by mynem leben sin.«
658 »Woffen, got von hymel, wye sal ich ys gryffen an,
Vnd ich dye forsten edel zu huse geladen han?

652] A 2091, B 2151 (2154), C 2211.
653] A 2092, B 2152 (2155), C 2212.
654] A 2093, B 2153 (2156), C 2213.
655] A 2094, B 2154 (2157), C 2214.
656] C 2215, desgl. a, -k 2209, fehlt AB.
657] -A 2095, -B 2155 (2158), C 2216.
658] -A 2096, -B 2156 (2159), C 2217.

Eßen vnd drincken ich ene myt truwen bot
Vnd gab ene myn gabe. sal ich sye dar zu erslagen dot?
659 Dye lude wene*n*t licht, das ich sy vertzagt.
Keyner myner dinst han ich ene nye versagt.
Sal ich no myt ene stryden, das yst myßetan.
So ruwet mych myn fruntschafft, dye ich zu ene gewon han.
660 Gyselern dem jongen gab ich dye dochter myn.
Dye kont in dyeser wernt nit baß versorget sin werlt
Vff zocht vnd vff ere vnd vff alle gut.
Ich sach nye so jongen konig so togentlich gemut.« 49r
661 d ye konigin sprach aber: »gedenck an vnser beyder leyt,
An myn vnd des konigs mychel arbeyt.
Nein, rytter edel, du salt gedencken dar an,
Das weder konig noch keyser großer finde nye gewan.«
662 Da sprach der marggraue weder des forsten wip:
»Des muß noch hude entgelten des Rudegers lip,
Was yr myr vnd mynem hern zu gude hant gethan.
Da muß ich vmb sterben; ys mag nit anders hye ergan.
663 Ich weyß wol, das noch hude myn borge vnd myn lant
Alle werden ledig von etliches hant.
Ich befele vch vff uwer truw myn wip vnd myn kint.
Vwe der armen weysen, dye da zu Bechelar sint!«
664 »No lon vch got, *her* Rudeger,« sprach der konig do.
Ere vnd dye konigin worden beyde da fro.
»Vns soln uwer lude wol entfalen wesen.
Wyr getruwen got von hymel, yr solt selber genesen.«

659,1 wenet.

659] -A 2097, -B 2157 (2160), C 2218.
660] A 2098, B 2158 (2161), C 2219.
661] Variante zu A 2099, B 2159 (2162), C 2220, k 2214.
661,4] *So schedlich gest kein kunig nie gewan* k 2214,4.
662] A 2100, B 2160 (2163), C 2221.
663] A 2101, B 2161 (2164), C 2222.
664] A 2102, B 2162 (2165), C 2223.

665 Konig Etzel weinet sere, als det auch sin wip.
Da satzt er vff dye wage ere vnd lyp.
Er sprach: »ich wel ys leysten, wan ich ys gelopt han.
Ach myner frunde, dye ich so vngern bestan.«
666 k Onig Etzeln vnd Cremhylten lyßen sye bliben hye,
Vnd gar snellichen er vber den hoff gye.
»No wopent vch balde, alle myn man!
Dye stoltzen Borgonder mußen wyr myt stryde bestan.«
667 Da bracht man den recken yren harnesch allen zuhant.
Wes yglicher helm wer ader des schyltes rant,
Von yrem jngesinde wart ys in getragen.
Sye horten leydege mere dye kunen helden sagen.
668 Der marggraue wart verwopent, mit jm fonff hondert man.
Wol zwolff kune rytter er zu jm gewan.
Dye wolten pryß erwerben in des stormes not.
Sye wysten nit dye mere, das ene so nahe was der dot.
669 Da sach man Rudegern vnder dem helm gan.
Sye trugen scharpe swert, des marggrauen man, 49v
dar *zu* vor yren handen dye liechten schylte breyt.
Das *sach* der fedeler; ys was jm jnniglich leyt.
670 Gyseler der jonge sach sin sweher gan
Myt vffgebondem helm. wie mocht er das verstan,
was ⟨*er*⟩ da myt meinte, nicht dan alles gut?
Des wart der edel konig von hertzen wol gemut.

669,3 in. **669,4** was. **670,2** mocht er mocht *(letztes Wort durchstrichen).*

665] A 2103, B 2163 (2166), C 2224.
666,1–2] Variante zu A 2104,1–2, B 2164,1–2 (2167,1–2), C 2225,1–2.
666,3–4] A 2104,3–4, B 2164,3–4 (2167,3–4), C 2225,3–4.
667] A 2105, B 2165 (2168), C 2226.
668] A 2106, B 2166 (2169), C 2227.
669] A 2107, B 2167 (2170), C 2228.
670] A 2108, B 2168 (2171), C 2229.

671 »No wol myr solichs frunts«, sprach Gyseler ein degen,
»Den wyr hant gewonen her vff desen wegen.
Wyr sollen mynes wibes wol genyßen hye.
Myr yst liep vff myn trw, das dye herfart ergye.«
672 »Ich weyß nit, wes yr vch trostet,« sprach der spelman.
»Wo gesach man ye dorch svne so manchen recken gan
Myt vffgebonden helmen vnd swert tragen in der hant?
An vns wel verdin Rudeger sin borg vnd sin lant.«
673 Als der fedelere dye rede hadt gethan,
Man sach den marggrauen vor dem huße stan.
Synen schylt den guden satzt er vor dye fuß.
Da must er den gesten zuhant versagen sin gruß.
674 Der edel marggraue ryeff hin vff zu hant:
»No werent vch, yr elenden recken vß Borgonder lant!
Ere soltent myn genyßen, so engelt yr leyder myn.
Ee waren wyr frunde; das mag no nomme gesin.«
675 Da erschracken sye der mer, die nothafftgen man.
Ene was der trost entpallen, den sye wonten han,
Da myt ene striden wolt, dem sye waren holt.
Sye hatten dach von den finde vil arbeyt gedolt.
676 »n O wolt got von hymel,« sprach Gonther der degen
Das yr vch noch gnaden an vns solt erwegen
Vnd der großen truwe, der wyr hatten mut.
Ich wel ys vch baß getruwen, das yr ys nit dut!«
677 »Ich mag ys nit gethun,« sprach der kune man.
»Ich muß myt vch stryden, wan ichs gelobt han.
No werent vch, kune degen, als liep vch sy der lip.
Mych wolt ys nit erlaßen des konig Etzels wip.« 50r

671] A 2109, B 2169 (2172), C 2230.
672] A 2110, B 2170 (2173), C 2231.
673] A 2111, B 2171 (2174), C 2232.
674] -A 2112, -B 2172 (2175), C 2233.
675] -A 2113, -B 2173 (2176), C 2234.
676] A 2114, B 2174 (2177), C 2235.
677] A 2115, B 2175 (2178), C 2236.

678 »Er wedersaget vns zu spade,« sprach der konig her.
»No muß vch got vergelten, edeler Rudeger,
Druwe vnd lieb, dye yr vns hant gethan,
Ab yr ys an dem ende wollent gutlich bestan.
679 Wyr solten ys verdynen vmber, das yr vns hant gethan.
Ich wolt vnd auch myn moge, das yrs vns het erlan
Dorch dye herlich gabe, dye yr vnd auch uwer man
Vns frompt fruntlich in der hochtzyt dan.«
680 »No wolt got von hymel,« als sprach Rudeger,
»Das ich vch myner gabe noch solt geben mer
myt also gudem willen, als ich sin hat wane.
So worde myr kein schelten nommer dar vmb gethan.«
681 »No farent gar gefuge,« sprach Gernot,
»Wan kein wort sin gesten nye boß gebot
Dan yr vns, mylter Rudeger, hant gethan.
Das wolten wyr verdinen, solten wyr das leben han.«
682 »No wolt got von hymel, edeler Gernot,
Das yr by dem Rine wert vnd ich hye lege dot
Myt eren, sint ich vch hye muß bestan.
Es wart an guden frunden nye mene so vbel gethan.
683 O Borgentrich, were ich dyer neher by,
So were ich hye mancher sorgen fry
Vnd dinten *m*yr dye hern, als man eym konig dut!
So muß ich helm schroden, das dorch dye ringe get das blut.«
684 »No lon vch got, *her* Rudeger,« als sprach Gernot,
»Vwer herlichen gabe. mych ruwet uwer dot,

683,3 wyr.

678] A 2116, B 2176 (2179), C 2237.
679] -A 2117, -B 2177 (2180), C 2238.
680] A 2118, B 2178 (2181), C 2239.
681] A 2119, B 2179 (2182), C 2240.
682] A 2120, B 2180 (2183), C 2241.
683] Zusatzstrophe.
684] A 2121, B 2181 (2184), C 2242.

Sal an vch verderben uwer herlicher mut.
Hye tragen ich das woffen von vch, helt gut.
685 Das yst myr nye entwechen in keyner großen not.
Es lyt vnder syner eck mancher rytter dot.
Es yst bytter vnd stet herlich vnd gut.
Es yst dye rychste gabe, dye keyn hylt vmber gedut.
686 Vnd wolt yr nit erwinden, yr wolt zu vns gan, 50v
Slagent yr myr dye frunde, dye ich hye in han,
Myt uwerm selst swert benym ich vch den lyp.
So ruwet yr mych, Rudeger, vnd uwer getruwes wip.«
687 »No wolt got von hymel,« sprach der mylte man,
»Das aller uwer wille were an myr gethan
Vnd noch uwer frunde libe lebendig wern zu dyßer zyt!
So mocht vch wol getruwen myn dochter vnd myn wip.«
688 d A ryeff der starcke Hagen hin zu tal:
»Mylter marggraue, no springe her in den sal,
Slag zwen ader dry, dye libe saltu han,
So sint din eyde reyne, dye du dem konig hast gethan.«*
689 »Was hatten myr dye zwen ader dry gethan?
Ich vnd myn gesinde mußen vch bestan.
Werent vch, yr elenden, yr forsten hochgeborn!
Mych mant der konig der eyde, dye ich jm zu dinst han gesworn.«
690 Des antwert jm Gyseler, der edeln Vden kint:
»Wye thunt yr so, *her* Rudeger? dye myt myr her komen sint,
Dye sint vch alle gewegen; yr gryffet vbel zu.
Dye uwern schonen dochter wolt yr machen zu wedewen zu fru.«

685| A 2122, B 2182 (2185), C 2243.
686| A 2123, B 2183 (2186), C 2244.
687| A 2124, B 2184 (2187), C 2245.
688| 1–2 nur n, 3–4 vgl. *Wolt ir des nit erwinden und wollet uns bestan, | So schlacht drei oder fire und keret wider von dann!* k 2237,3–4.
689| Zusatzstrophe.
690| -A 2125, -B 2185 (2188), C 2246.

691 »Gedencket uwer truwe, edeler konig her!
Sendet vch got von hine,« also sprach Rudeger,
»So laßet dye jongfrawen nit engelten myn.
Dorch aller forsten dogent geruchent yr gnedig sin.«
692 »Das rede ich wol von schulden,« also sprach Gyseler das kint,
»Dye edeln myn moge, die nach hye in sint,
Sollent dye von vch sterben, so muß gescheden sin
Dye stede fruntschafft zuschen vch vnd dem wibe myn.«
693 »n O muß vns got gnaden,« sprach der kune man.
Da erhoten sye dye schylde, als sye die wolten han
Vnd wolten stryden myt den gesten in dem sal.
Da rieff also lude dye stegen Hagen zu tal:
694 »Wolt yr vnd uwer frunde mych myt stryde bestan,
Vwe wye vnfruntlych wolt yr dan schynen lan,
Das ich vch baß getruwe dan keym lebendigen man.« 51[r]
Sprach Gyseler: »das ich uwer dochter nam,
695 Wan ich dar an gedencken, wye ich gescheden bin,
Das hertz in mynnem libe, das sencket sych da hin.
Sal sye werden eyn wedewin, ee das sye wyrt ein wip,
Ich mach ee dusent wedewen vmb yren stoltzen lip.«
696 Da sprach aber mer der dogenthafft Gyseler ein degen:
»Ich bin der jongfrawen nach nit by gelegen.
Eyn helsen vnd ein koßen, das wart myr nit mer.
Ein schelten von der liebe dut mym hertzen wee.«
697 »*B*leybet eyn wile, vil edeler Rudeger,«
Also sprach da Hagen, »wyr soln da reden mere,

697,1 Gleybet.

691] -A 2127, -B 2187 (2190), C 2248.
692] A 2128, B 2188 (2191), C 2249.
693] A 2129, B 2189 (2192), C 2250.
694] Variante zu A 2126, B 2186 (2189), C 2247.
695–696] Zusatzstrophen.
697] A 2130, B 2190 (2193), C 2251.

Ich vnd myn *her*, dar zu vns zwinget not.
Was mag gefromen Etzeln vnßer aller dot?
698 Ich stan in großen sorgen, vil edeler forst mylde.
Myr gab dye marggraffin dyßen rychen schylde,
Das ich ene furen solt in konig Etzels lant.
No hant ene myr dye finde zu hauwen vor der hant.
699 No wolt got von hymel,« sprach aber Hagen,
»Vnd het ich eyn schylt so gut hye zu tragen,
Als du hast vor der hende, vil edeler Rudeger,
So begert ich hye zu den Hunen keins halßbergs mer.«
700 »Wye gern ich dyr in gebe, dyesen guden schylt,«
Also sprach er zu Hagen, »so endarff ich vor Cremhylt.
Dach so nym ene hin, Hagen, vnd trage ene vor der hant!
Ey, du salt ene fuern in der Borgonder lant.«
701 Da er jm den schylt so williglich zu geben bot,
Da worden liecht augen von heyßem weinen rot.
Es was dye leste gabe, die er det vmber mere
Eme ader keym recken, von Bechelar Rudeger.
702 »No lon vch got, edeler Rudeger.
Es wyrt uwer glich geborn nommere mere,
De*r* elenden recken als williglichen geb*e*.
So muß got gebyeden, das uwer frunde in eren leben.«
703 w ye grymmig Hagen were vnd wye starck sin mut, 51v
Da erbarmt ene dach der gabe, die der helt so gut
Also nahe by siner letzt am jongsten hat gethan.
Manch rytter edel myt jm weynen began.

702,3 Den. geben.

698] -A 2131, -B 2191 (2194), C 2252.
699] -A 2132, -B 2192 (2195), C 2253.
700] A 2133, B 2193 (2196), C 2254.
701] A 2134, B 2194 (2197), C 2255.
702] A 2136, B 2196 (2199), C 2257.
703] A 2135, B 2195 (2198), C 2256.

704 »Es mocht got erbarmen,« also sprach Hagen.
»Wyr hetten ander sorge gnug zu tragen.
Soln wyr myt frunden stryden, das sy got gecleyt!«
Da sprach der marggraue: »ys yst ⟨*myr*⟩ jnniglichen leyt.«
705 »Das muß vch got vergelten, edeler Rudeger.«
Sye clageten allenthalben dye hertzlichen ser,
Das nymant gescheyden mocht dyß angst vnd not.
»Vater aller dogent, sal Rudeger dar vmb ligen dot?«
706 »No lone vch got der gabe,« sprach Hagen der degen,
»Das ich mych alles vbels wel gein vch erwegen,
Das vch in dem stryde nommer beruret myn hant,
Ab yr sye alle sluget vß Borgonder lant.«
707 Da sprach auch von dem huse Folcker der spelman:
»Synt myn geselle den freden Hagen hat gethan,
Den saltu also stede han von myner hant.
Das habt yr wol verdynet, da wyr kamen in dyß lant.
708 Vyl edeler marggraue, yr solt myn bode sin.
Dyesen roden bo*u*gen gab myr dye marggraffin,
Das ich den tragen solt her zu der hochtzyt.
Das han ich geleystet, das yr des myn getzuge syt.«
709 »Wolt got von hymel, edeler Folcker,
das vch dye marggraffin noch solt geben mer.
Kom ich weder heym zu lande, ich sage ys der trutin,
Finde ich sye gesont; des saltu sycher sin.«

708,2 bogen.

704] A 2137, B 2197 (2200), fehlt Cabk.
705] A 2139, B 2199 (2202), C 2259.
706] A 2138, B 2198 (2201), C 2258.
707] A 2140, B 2200 (2203), C 2260.
708] A 2141, B 2201 (2204), C 2261.
709] A 2142, B 2202 (2205), C 2262.

710 a Ls er das gelobt, ein andern schylt hat Rudeger.
Des mudes er da dabet, er enbeyt da nit mer.
Er lieff vff zu den degen eym recken vil glich.
Da slug manchen slag swinde der marggraue rich.
711 Dye zwen wyechent hoer, Folcker vnd Hagen,
Wan sye ys jm gelobten, dye zwene here d*e*gen.
Da fant er also kune eyn by der thore stan,
Das Rudeger des stryts myt großen sorgen began. 52r
712 Es was Danckwart der kune, des Adryans kint.
Es ging von synem swert eyn fuer roter wint.
Er slug den marggrauen, das er nyeder vile vff dye knye.
Das was dem rytter edel selden gescheen nye.
713 Dorch mort rechen willen ließen sye ene dar jne.
Gonther vnd Gernot, dye hatten [ ] h*e*lde sine.
Gyseler stont hoer; zwar ys was jm leyt.
Er versach ⟨*sych*⟩ noch des lebens; dar vmb er Rudegern ver-
meyt.
714 Da sprongen zu den finden des marggraffin man.
Man sach sye degentlich noch yrem hern gan
Myt den scharpen woffen, die trugen sye in der hant.
Des brach da vil helm vnd manch herlich rant.
715 Da slugent dye muden manchen *swin*den slag
Dem von Bechelar, der aben an gelag, oben an
Dorch dye liechten ringe byß fast dorch das † freych † ferch?
Sye frompten in dem storm manchen herlichen streych.

711,2 dagen. **713,2** hatten dye holde. **715,1** muden.

710] A 2143, B 2203 (2206), C 2263.
711] A 2144, B 2204 (2207), C 2264.
712] Zusatzstrophe.
713] A 2145, B 2205 (2208), C 2265.
714] -A 2146, -B 2206 (2209), C 2266.
715] A 2147, B 2207 (2210), C 2267.

716 Des edeln jngesinde was komen gar dar jne.
Volcker vnd Hagen sprongen balde da hine.
Sye gabent nyemant frede dan dem eingen man.
Von eren beyden handen ein bache von blude ran.
717 Wye recht grymiglichen dye swert dar in erclongen
Vnd vil der schyltes spangen vff von den slegen sprongen.
Des reyse yr liechte gestein verhauwen neder in das blut.
Sye rachent grymme, das man ys nommer gedut.
718 d Er vogt von Bechelar ging weder hin ⟨*vnd*⟩ dan,
Als der myt elen in stormen werben kan.
Dem det des dages myt stryde Rudeger wol glich,
Das er ein degen were vil kune vnd lobelich.
719 Da stonden dye zwene, Gonther vnd Gernot.
Sye frompten in dem storm manchen helten zu dode.
Gyseler vnd Danckwart, dye beyde ys geringe wagen.
Des frompten sye vil manchem zu sym en*de*lichen tagen.
720 Wol ertzuget was der marggraue vnd starck gnug,
Kune vnd wol gewapent; o was er helden slug! 52v
Das sach eyn Borgonder, des zwang ene zornes not.
Da begonde nahen des mylten Rudegers dot.
721 Es wars der starck Gernot. den hylt ryeff er an;
Er sprach zu dem marggrauen: »yr wolt myr kein man
Nyt genesen laßen, vil edeler Rudeger.
Das mut mych vnmaßen; ich kan ys nit gesehen mer.
722 No mag vch uwer gabe wol zu schaden komen.
Synt yr myr myner frunde so vil hant gnomen.

719,4 engstlichen (st *übergeschrieben*).

716] A 2148, B 2208 (2211), C 2268.
717] A 2149, B 2209 (2212), C 2269.
718] A 2150, B 2210 (2213), C 2270.
719] A 2151, B 2211 (2214), C 2271.
720] -A 2152, -B 2212 (2215), C 2272.
721] A 2153, B 2213 (2216), C 2273.
722] A 2154, B 2214 (2217), C 2274.

No wendet uch her vmb, vil edeler kuner man!
Vwer gabe wyrt verdint, so ich aller best kan.«
723 Der edel marggraue kam zu jm dar.
Des musten liechte ringe werden myßvar.
Da sprongen sye zu ein ander, die eren gerenden man.
Ere eyner wol [ ] beschermen sych vor dem andern began.
724 Ere swert waren scharp, ys kont nit bewegen.
Da slug der helt Gernot Rudegern den degen
Dorch helmes flinß herten, das *ni*der floß das blut.
Das vergalt jm wol myt dem elen der rytter gut.
725 Dye Rudegers gabe an der hende geringe wag.
Wye wont er zu dode were, er slug jm ein slag
Dorch sin guden schylt bys vff des helmes bant.
Da von er sterben muste, der schone Gotling ⟨*man*⟩ da zuhant.
726 Es wart nye rycher gabe werß gelonet m*e*r.
Sye viln bede nyeder, Gernot vnd Rudeger,
Dot in dem storm von yr beder hant.
Erst ertzornt Hagen, da er den großen schaden fant.
727 d A sprach von Troyen Hagen: »ys yst vns vbel bekomen.
Wyr hant an ene beden so großen schaden gnomen,
Das ⟨*ys*⟩ nommer vberwindet yr lude vnd lant.
Dye Rudegers degen mußen wesen vnser phant.«
728 Ja wolt yr keiner dem andern nicht vertragen.
Vil mancher an wonden wart da neder geslagen,
Der wol genesen were, der in dem blude ertrang, 53r
Wye gesont er anders were; jm wart ein solich ged*r*ang.

723,4 sych beschermen sych. **724,3** ander. **724,4** dem *korrigiert aus* der. **726,1** myr.

723] A 2155, B 2215 (2218), C 2275.
724] A 2156, B 2216 (2219), C 2276.
725] A 2157, B 2217 (2220), C 2277.
726] -A 2158, -B 2218 (2221), C 2278.
727] A 2159, B 2219 (2222), C 2279.
728] C 2280, desgl. a, k 2274,3–4 – 2275,1–2.

729 Als Gyseler erhort sins swehers dot,
Dye in dem huse waren, dye musten liden not.
Der dot begonde suchen, was des jngesindes was.
Des Rudegers helden yr eyner nit lenger genas.
730 »Vwe myr myns bruders, der myr zu dode yst gefrompt.
Wes myr der leydegen mere zu allen zyden kompt!
Auch muß mych vmber ruwen myn sweher Rudeger.
Der schade yst beydenthalben ein vil großes ser.«
731 Da dye recken sahen, das sye bede warn dot,
Da musten, die da in warn, liden angst vnd not.
Der dot *such*t sere, was des gesindes was.
Der vogt von Bechelar s*in* lenge*r* nit genas.
732 Gonther der riche vnd auch Gyseler,
Danckwart vnd Hagen vnd auch Folcker,
Dye gingen, da sye fonden dye zwene man.
Da wart mychel weinen von den recken gethan.
733 »Der dot vns sere rauwet,« sprach Gyseler das kint.
Was hylffet uwer weinen? gene wyr an den wint,
Das vns dye ringe erkulen, vns stryt muden man.
Ich wen, das got von hymel vns das leben nit lenger wolt lan.«
734 Man sach da sytzen, lenen manchen kunen degen.
Sye woren aber mußig. da waren dot gelegen
Dye Rudegers helten. Vergangen was aber der doß.

731,3 schut. **731,4** siner lenge.

729] A 2161, B 2221 (2224), -C 2282, vgl. Str. 731 (Kontamination).
730] -A 2160, -B 2220 (2223), C 2281.
731] -A 2161, -B 2221 (2224), C 2282, vgl. Str. 729 (Kontamination).
732] A 2162, B 2222 (2225), C 2283.
733] A 2163, B 2223 (2226), C 2284.
734] A 2164, B 2224 (2227), C 2285. Z. 4 fehlt.

5 »v We myr myner swere,« sprach aber des konigs wip.
»Viel zu lange blyb*et* vnßer finde lip,
E*r* mag wol fry bliben vor Rudegers hant.
Er wel sye weder brengen heym in Borgonder lant.«
6 Sye sprach zu dem konig: »was hylfft, das wyr geteylt han
Alles, das er wolt? der hylt hat myßethan.
Der vns da solt helffen, der wel der svne plegen.«
Des antwert yr da Folcker, der vil zerlich degen:
7 »Ja zempt vbel reden keins koniges wip,
Vnd getorst ich heyßen liegen ein solichen edeln lip,
So hettent yr Rudegern werlich an gelogen.
Er vnd auch die sin sint an der svne betrogen. 53^{v}
8 Er det das so williglich, das jm der konig gebot,
Das er vnd sin gesinde sint gelegen dot.
No sehent alle vmb vnd vmb, wem yr gebieden wolt.
*V*ch hat bys vff das ende gedinet Rudegers holt. hulde?
9 Wolt yr des nit gleuben, man sals vch sehen lan.« R. der
Dorch yr hertzen leyt so wart das gethan. helt ABC
Man trug den helten vehauwen, das jne der konig sach.
Ich gleub, das konig Etzeln nye so leyde geschach.
0 Das sye den marggraffen dot sahen tragen,
Ein schriber wart so gut nye, der da kont schriben ader sagen
Dye manch vngeberde, dye da hat man vnd wip.
Von yrs hertzen swere [ ] sie da neder lyt.

735,2 blybent. **735,3** Er. **736,3** *nach* helffen der *ein einzelnes* s *(nicht getilgte Verschreibung).* **738,4** Sych. **740,4** swere swere.

735] -A 2165, -B 2225 (2228), C 2286.
736] A 2166, B 2226 (2229), C 2287.
737] A 2167, B 2227 (2230), C 2288.
738] A 2168, B 2228 (2231), C 2289.
739] A 2169, B 2229 (2232), C 2290.
740] Variante zu A 2170, B 2230 (2233), C 2291.

741 Da wart konig Etzels jamer starck vnd gros.
Als ein lewen styme der rych konig erdoß
Myt hertzen jamer: »woffen!« als det auch sin wip.
Sye clageten vngefuge des elenden Rudegers lip.
742 Da hort man allenthalben jamer also groß,
Das palast vnd thorne von dem schrey erdoß.
Da hort ys von Bern einer *her* Dyttherichs man.
Dorch dye starcken mere er gahen da began.
743 Er sprach zu dem von Bern: »no hort, myn *her her* Ditherich,
Was ich gelebet han, so recht vnmogelich
Gehort ich clage nye mee, als ich han vernomen.
Ich wen, das der konig Etzel selber zu dem stride sye komen.
744 Wye mochten sye anders alle haben so groß not?
Der konig ader Cremhylt, der yst eins dot
Von den kunen gesten, dorch yren nyet gelegen.
Es weinet hart sere mancher vßerwelter degen.«
745 d A sprach der vogt von Bern: »myn lieben man,
No zornet nit zu sere, was sye hant getan,
Dye elenden recken; ys get sye an große not,
Vnd laßet sye des genyßen, das ich ene myn gruß bot.«
746 Da sprach der kune Wolffart: »ich wel dar gan
Vnd wel der mere fragen, was sye hant gethan,
Vnd wel vch dan sagen, vil lieber *her* myn,
Als ich ys recht erfinde, was dye rede mag sin.« 54r
747 Da sprach von Bern her Dytherich: »wo man sych zorns versiecht,
Ab vngefuge frage lycht da von geschyecht,
Das betrubet den recken yren zorngen mut.
Ich wel nit, Wolffart, das yr dye frage zu ene dut.«

741] A 2171, B 2231 (2234), C 2292.
742] A 2172, B 2232 (2235), C 2293.
743] A 2173, B 2233 (2236), C 2294.
744] A 2174, B 2234 (2237), C 2295.
745] A 2175, B 2235 (2238), C 2296.
746] A 2176, B 2236 (2239), C 2297.
747] A 2177, B 2237 (2240), C 2298.

748 Da hyes er Helfferchen vil balde dar gan
Vnd bat ene, das er jm erfure, was da wer gethan
⟨*An Etzels man*⟩ ader an jm selber, was da were gescheen.
Er het von edeln luden großern jamer nye gesehen.
749 Der bode fragt balde: »was yst hye gethan?«
Da saget man jm dye mere: »ys yst vil balde zugan,
Was wyr freuden hatten in der Hunen lant.
Hye lyt erslagen Rudeger von der Borgonder hant.
750 Dye myt jm dar in kamen, der yst einer nit genesen.«
Da kont Helfferchin leyder nit gewesen.
Ja saget er sin mere so recht vngern nye.
Der bode da hien weder sere weinen gye.
751 »w As hant yr erfarn?« sprach *her* Dytherich.
»Wan weinestu so sere, getruwer Helfferich?«
»Ja mag ich vil wol weinen vnd clagen.
Den mylten marggrauen han dye Borgonder erslagen.«
752 Da sprach der *her* her Dytherich: »das enwolt got!
Das were ein bose roch vnd wer des tuffels spot.
Wye kont der marggraue han verschult dyße not,
Das er von synen frunden were gelegen dot?«
753 Da sprach der kune Wolffart: »vnd hetten sye das gethan,
So solt ys ene allen an das leben gan.
Ab wyr ene das vertrugen, das wer vnser schande.
Ja hette vns vil gedinet des mylden Rudegers hande.«
754 Sost sprach *her* Dytherich: »ich wel ys erfarn baß.«
Ey wye truriglichen er an ein fenster saß!
Da bat er Hyldenbranden zu dem huse gan,
Das er jm erfuer, was da wer gethan.

748] A 2178, B 2238 (2242), C 2299.
749] A 2179, B 2239 (2242), C 2300.
750] A 2180, B 2240 (2243), C 2301.
751] A 2181, B 2241 (2244), -C 2302.
752] A 2182, B 2242 (2245), C 2303.
753] A 2183, B 2243 (2246), C 2304.
754] A 2184, B 2244 (2247), C 2305.

755 Der stormgytig recke meynster Hyldebrant,
Weder schylt noch woffen nam er in dye hant. 54v
Er wolt in guden zochten zu dem huse gan.
Eme wart eyn straffen von siner swester sone gethan.
756 Da sprach der kune Wolffart: »wolt yr dar bloß gan,
So mag ys an ein schelten nommer wol ergan,
So must yr lesterlich thun dye wederfart.
Ab yr dar komet gewopent, das yst erlich bewart.«
757 Da wapent sych der wyse dorch des thomen rat.
Ee ys Hilbrant wart jne, da wa*rn yn* yr wat
Dye recken zu were vnd trugen swert in der hant.
Dem helden was ys leyt; gern het er ys erwant.
758 Er fragt, war sye wolten. »wyr woln myt vch dar,
Das von Troyen Hagen des da mynner getar
Gegen vch myt spot reden, des er wol kan plegen.«
Da er dye rede erhort, da gestat er ys den degen.
759 d A sach der kune Folcker wol gewapent gan
Dye recken von Bern, *her* Dyttherichs man,
Begortet myt den swerten, die schylde vor der hant.
Er seyt ys synem hern, dye mere, da zu hant.
760 Da sprach der fedeler: »ich sehen dort her gan
So recht ernstlichen *her* Dietherichs man
Gewopent vnder den helmen. sie wol*l*en vns bestan.
Mych nympt mychel wonder, was wyr ene haben gethan.«
761 In den selben zyden kam auch Hylbrant.
Da sast er vor dye fuße den schylt myt siner hant.

757,2 was ene. **760,3** wolten.

755] A 2185, B 2245 (2248), C 2306.
756] A 2186, B 2246 (2249), C 2307.
757] A 2187, B 2247 (2250), C 2308.
758] A 2188, B 2248 (2251), C 2309.
759] A 2189, B 2249 (2252), C 2310.
760] -A 2190, -B 2250 (2253), C 2311.
761] A 2191, B 2251 (2254), C 2312.

Er begonde fragen des Gonthers man:
»Ach, yr guden degen, was hat vch Rudeger gethan?
762 Mych hat myn *her her* Dietherich zu vch gesant,
Ab ene erslagen het uwer keins hant,
Den edeln marggrauen, als vns yst geseyt.
Wyr konden nomer vberwinden das groß leyt.«
763 Da sprach der grymme Hagen: »dye rede yst vngelogen,
Wye wol ich vch des gonde, het vch der bode betrogen
Dorch Rudegers lieb, das noch lebt sin lyp,
Den vmber mogent weinen beyde man vnd wip.«
764 Da sye recht horten, das er were dot, 55r
Da clageten ene dye recken; yr truwe ene das gebot.
Von her Dittherichs man sach man die trehen gan
Vber bart vnd vber kone; ys was ene leyt gethan. kinne
765 Der hertzoch da vß Bern, Segenstap da sprach:
»No hat ein ende gnomen aller der gemach,
Den vns hye fugt Rudeger noch alle vnßern tagen.
Drost aller elenden lyt hye tot von vch erslagen.«
766 Da sprach von Amelong der hertzoch Wolffrin:
»Vnd ab ich hude sehe dot den liebsten vater myn,
So were myr nit so leyde als vmb sin lyp.
Ach, wer sal trosten des getruwen Rudegers wip?«
767 Da sprach in zornes mude der kune Wolffhart:
»Wer wyset no dye recken so manch herfart,
Als der marggraue dicke vns hat gethan.
Ach du lieber Rudeger, das ich din dot erlebt han!«
768 Helfferch, Rychart vnd auch Helmschrot,
Myt allen yren frunden weinten sin dot.

762] A 2192, B 2252 (2255), C 2313.
763] -A 2193, B 2253 (2256), C 2314.
764] A 2194, B 2254 (2257), C 2315.
765] A 2195, B 2255 (2258), C 2316.
766] A 2196, B 2256 (2259), C 2317.
767] A 2197, B 2257 (2260), C 2318.
768] A 2198, B 2258 (2261), C 2319.

Vor sufftzen mocht nit mer reden da Hilbrant.
»No thut, yr snellen recken, dar vmb vns vnßer *her* hat her gesant!
769 Rudegern den doden gebent vns vor den sale,
An dem yst gelegen vnßer freude vber alle,
Das wyr noch dot gedinen dem bederman.
Wyr hetten das by sym leben noch bylcher gethan.
770 Wyr sint als elendig als Rudeger der degen.
Gebt ene vns von dem huse vnd last vns ene dar affter legen,
Das wyr jm gedin, dem rytter wolgethan.
Er hat vns by sinen zyden vil zu dinst gethan.«
771 Da sprach der konig Gonther: »ja wart nye nicht so gut,
Da*n so* ein frunt sym frunde noch sym tode fruntlich dut.
Nement ene von dem huse vnd best*a*t denn wonden man!
Myr yst wol zu wyßen, er hat vch liebs vil gethan.«
772 »w ye lange sollen wyr flehen?« sprach Wolffart der degen.
»Sint vnßer bester drost yst von vch hye dot gelegen,
Vnd wyr sin leyder nit mere mogen haben,
No laßet vns den von hyne tragen zu begraben.«
773 Der ⟨*fedeler*⟩ da sprach: »nyeman dyr ene gyt. 55v
Nym ene in dem huse, da er zuhauwen lyt
Myt starcken ferch wonden gefallen in das blut.
Das yst ein foller dinst, den yr Rudegern dut.«
774 Da sprach der kune Wolffart: »last es sin, her spelman,
Ere dorfft vns nit reyßen. yr hat vns leyt gethan.

771,2 Da. **771,3** bestet. **772,3** sine (e *durchgestrichen*).

769] Variante zu A 2199, B 2259 (2262), C 2320, -k 2316,1–3.
769,4] *Wir hettes bei seim leben vil billicher getan* k 2317,4.
770] Variante zu -A 2200, B 2260 (2263), C 2321.
771,1–2] A 2201,1–2, B 2261,1–2 (2264,1–2), C 2322,1–2.
771,3–4] Nur n.
772] A 2202, B 2262 (2265), C 2323.
773] A 2203, B 2263 (2266), C 2324.
774] A 2204, B 2264 (2267), C 2325.

Gedorft ich vor mym hern, yr kempt sin in not.
Das wyr no laßen mußen, das er vns verbot.«
775 Da sprach der fedeler: »der focht yst vil zu vil, forhte
Was man dem man verbudet, das er ys alles leysten wel.
Das kan ich nit geheyßen rechts heldes mut.«
Dye rede ducht Hagen von sym geseln gar gut.
776 »Wolt yr der rede nit laßen,« sprach aber Wolffart,
»Ich riecht vch licht dye s*e*yten, wan yr die wederfart
Rydent geigen dem Rine, das yr wol mogent sagen.
Vwern großen vbermut mag ich nit lenger vertragen.«
777 Da sprach der fedeler: »wan yr die s*e*yten myn
Veryrret guder done, vnd uwers helmes schin
Mag wol da*u*b*e* werden von myner hant,
Wye ich auch geryde in der Borgonder lant.«
778 d A wolt der kune Wolffart zu jm gesprongen han,
Wan das jne nit enlyß Hilbrant sin oheim.
Er hylt ene hart: »wiltu woten in dym zorn?
Myns hern hulde hetten wyr vmber verlorn!«
779 »No laßet ab den kunen lewen, meinster Hilbrant!
Er yst so grymmes mudes, kompt er myr an myn hant,
Hette er dye wernt alle myt siner hant erslagen, werlt
Ich slag ene, das er dye mer zu den Hune*n* nit darff sagen.«
780 Des wart vil sere ertzornt des Berners recken mut.
Den schylt zuckt Wolffart, ein sneller degen gut.
Glych als ein lewe wilde lieff er ene an.
Im wart ein gahes folges von sin frunden gethan

776,2 syten. **777,4** daben. **779,4** hune.

775] A 2205, B 2265 (2268), C 2326.
776] -A 2206, -B 2266 (2269), C 2327.
777] A 2207, B 2267 (2270), C 2328.
778] A 2208, B 2268 (2271), C 2329.
779] A 2209, B 2269 (2272), C 2330.
780] A 2210, B 2270 (2273), C 2331.

781 Wye wyder spronge er plage vor des sales want,
Da ergauet jne vor der stegen meynster Hilbrant.
Er wolt ene nit laßen vor jm nit jn den stryt.
Sye fonden, das sye suchten an den finden syt. 56r
782 Da sprang Hagen zu meinster Hilbrant.
Dye swert hort man clingen in yr beyder hant.
Sye waren hart ertzornt, wol prufft man ys sint.
Von yr beyder woffen ging ein f*ue*r roder wint.
783 Da sye no gageten in des stryts not also,
Daden dye von Bern, als ene yr crafft gebot da.
Zuhant want Hylbrant von Hagen balde dan.
Da lieff der kune Wolffart den spelman an.
784 Er slug den fedeler vff den helm gut,
Das jm dye swerts orte bys vff dye spangen wut.
Das vergalt jm wol myt elende der starcke spelman.
Da slug er Wolffharten, das er struchen began.
785 Des fuers vß den ringen hyebe er gnug.
Eyner dem andern gar wenig da vertrug.
Sye scheden da von eyn ander. ein degen hyß Wolffrin.
Das der ein helt was, de*s* wart grußchlich schin.
786 Gonther der kune myt williger hant
Entphing die helten mer vß Amelonges lant.
Gyseler der starck dye liechten helmfaß,
D*er* frompt er vil manchen von blude naß.

782,4 furer roder. **785,4** der. **786,4** Da.

781] A 2211, B 2271 (2274), C 2332.
782] A 2212, B 2272 (2275), C 2333.
783] A 2213, B 2273 (2276), C 2333.
784] A 2214, B 2274 (2277), C 2334.
785] A 2215, B 2275 (2278), C 2335.
786] A 2216, B 2276 (2279), C 2336.

787 d Anckwart, Hagens bruder, was ein grymmig man.
Was der in dem stryde vor hat gethan
An des Etzels recken, das was alles ein wint.
Erst facht myt *grymme des* Adrianes kint.
788 Geberich vnd Richart, Helffrich vnd Weichart,
Dye hatten sych in stormen selden nye gespart.
Des brachten sye wol in des Gonthers man.
Da sach man Wolbranden in dem storme herlich gan.
789 Da fachte als er wute der alde Hilbrant.
Ey was guder recken von Wolffharts hant
Viln von syme swert neder in das blut!
Sye rachen Rudegern, die rytter kune vnd gut.
790 Syegenstap von Bern, als jm sin elende ryet, ellen
Ey was er harter helm in dem stryde schriet 56^{v}
Den synen kunen finden, Dyttherichs swester sone!
Der kont in den stormen beßers nit gethone.
791 Volcker der vil kune, als er das ersach,
Das Segenstap der kune dye blutegen bach
Hyebe vß harten ringen, das was dem degen zorn.
Da sprang er jm entgein; da hat Siegenstap verlorn
792 Von dem fe*de*ler sin werdes leben.
Er begonde jm siner konst sulchen teyl da geben,
Das er von synem swert must da ligen dot.
Das rach der alde Hylbrant, als jm sin elende gebot. ellen

787,4 des grymme. **792,1** feler.

787] A 2217, B 2277 (2280), C 2337.
788] A 2218, B 2278 (2281), C 2338.
789] A 2219, B 2279 (2282), C 2339.
790] A 2220, B 2280 (2283), C 2340.
791] A 2221, B 2281 (2284), C 2341.
792] A 2222, B 2282 (2285), C 2342.

793 »v We myns lieben hern,« sprach Hilbrant,
»Der hye lyt erstorben von Folckers hant.
No sal der fedeler lenger nit genesen.«
Hyldenbrant kont grymmiger nit sin gewesen.
794 Da slug er Folckern, das dye helmebant
Stobent allenthalben zu des sales want
Von helm*e* vnd von schylt*e* des konges spelman.
Da von der fedeler sin ende da genam.
795 Da trongen zu dem stryde her Ditherichs man.
Sye slugent, das die ringe flogen hoch hin dan,
Vnd das man dye ort der swert in dem gewelb stecken sach.
Sye hiewen vß den helmen den heyßflyßen bach.
796 Als Hagen da von Troyen Folckern fallen sach,
By allen sin zyden jm leyders nit geschach.
Baldong begonde er faßen, hauwen er began
Wolffrin dorch sin hertz, da von er sin ende nam.
797 Also Wolffrin der kune sin *en*de hat genomen,
Hagen der vil kune was zu Walbranden komen.
Er gab jm da myt crefften ein vngefugen slag.
Walbrant der kune schyer dot da gelag.
798 Als Hagen der vil kune Folckern sach dot,
Das was jm da zu der hochtzit da die groste not,
Dye er hat gewon an moge vnd an man.
Ach wye zerlichen er ene rechen began!
799 »No sal ys nit genyßen meinster Hylbrant. 57r
Myr yst myn hulff erstorben an Folckers hant,

794,3 helmen. schylten **797,1** elende.

793] -A 2223, -B 2283 (2286), C 2343.
794] A 2224, B 2284 (2287), C 2344.
795] -A 2225, -B 2285 (2288), C 2345.
796–797] Zusatzstrophen.
798] -A 2226, -B 2286 (2289), -C 2346, k 2343. Inhaltliche Wiederholung von Str. 796 (Kontamination).
799] A 2227, B 2287 (2290), C 2347.

An dem aller besten geseln, den ich ye gewon han.«
Den schylt recht er aber hoer vnd weder hauwen began.

800 Danckwart der vil kune Wigharten slug,
Rychart vnd Gerhart, ja warn sye zornig gnug.
Danoch slug er ein, der hyß Sigewine.
Den slug Danckwart der kune; wie kont er zornger sin?

801 Helfferch der vil kune Danckwarten slug.
Gonthern vnd Gyselern, den was ys leyt gnug,
Da sye ene sahen fallen in des stormeß not.
Helfferch der vil kune slug Danckwarten dot.

802 Gonther der vil rich slug Siegebant
Myt eym swert gut, das jm clang an der hant.
Danoch slug er ein, der hyß Sygewin.
Gonther von dem Rin kont nit zornger gesin.

803 w ye vil von manchen landen wer gesament dar,
Vil forsten crefftiglich gegen yr clein schar,
Werent dye crysten lude weder sye nit gewesen,
Sye weren myt yrem elen vor allen heyden genesen.

804 Dye wile ging Wolffart alles vor vnd dan,
Als vmb den kunen Segestap; er must ene ligen lan.
Er was jm ein teyl zu swere, er vil jm nieder in das blut.
Da vß sin henden da blickt vff der degen gut.

805 Da sprach der dode wonde: »vil lieber ohem myn,
Ere mocht myr zu dyßen zyden nicht nutz gesin.

799,3 Von.

800] Zusatzstrophe.
801] A 2228, B 2288 (2291), C 2348.
802] Zusatzstrophe.
803] C 2350, desgl. Za, -k 2346, fehlt AB.
804,1]] A 2229,1, B 2289,1 (2292,1), C 2351,1.
804,2] -A 2237,2, -B 2297,2 (2300,2), C 2359,2.
804,3–4] -A 2237,3–4, -B 2297,3–4 (2300,3–4), C 2359,3–4. Vgl. auch Str. 815 und 817.
805] A 2238, B 2298 (2301), C 2360.

Ja hudet vch vor Hagen, ys doncket mych vil gut.
Er draget in synem hertzen eyn grimmen mut.«
806 Alle wile ging Wolffart weder vmb dan
Also sere zu verhauwen dye Gonthers man.
Er was den drytten kere komen dorch dye wale.
Da vil viel manch recke von syn handen zu tale.
807 Zwene vnd sebentzig duffel waren komen dar jne,
dye das mort rieden Kremhylten der konigin.
Wan Wolffhart der kune das swert vber das heub*t* swang,
Dye duffel musten flyhen; einer sych in ein nebger loch trang. 57v
808 Der saget dye mere dem byschoff By*l*gerin,* nabeger
Wye ys in dem huse mocht ergangen sin. loch
Er zwang den selben geyst, das er in eyn fenster saß. ›Bohrlo
D*e*s man syt dye mere dem konig Rudolffin* laß.
809 d A sprach von Borgonden Gyseler der degen:
»Was ich starcker finde hab gewon vff dem wegen!
Ere keret vch her vmb, edeler rytter gut!
Ich helff vch auch volnenden,« sprach der degen gut.
810 Wolffart der vil kune kert sych gegen jm in den stryt.
Sye slugen beydenthalben die dieffen wonden wyt.
Ey wye grymmiglichen er gegen dem konige trang,
Das jm das blut zu fußen vnd vber das heubt sprang!
811 Gyseler der jonge, der schonen Vtten kint,
Entphing da Wolffarten, den meren jungeling.
Er wondet ene zu dem dode, den Dytherichs man.
Zwar an ein recken kont ys nymant han gethan.

807,2 der *(durchgestrichen)* kremhylten der. **807,3** heub.
808,1 bygerin. **808,4** Das.

806] A 2229, B 2289 (2292), -C 2351, vgl. Str. 804 (Kontamination).
807–808] Zusatzstrophen.
809] -A 2230, -B 2290 (2293), C 2352.
810] A 2231, B 2291 (2294), C 2353.
811,1–2] A 2232,1–2, B 2292,1–2 (2295,1–2), C 2354,1–2.
811,3–4] A 2233,3–4, B 2293,3–4 (2296,3–4), C 2355,3–4.

Gyseler der jonge Wolffarten slug
dorch ein bringen gut, das nieder floß das blut. brünne
Er wondet ene also sere, das er nit kont genesen.
Wye kont eyn konig so jonge vmber zornger wesen?
Als Wolffart der kune dye wonden da enfant,
Den schylt den lyeß er fallen neder by der hant.
Er zockt ein scharpes woffen, das was gut gnug.
Dorch helm vnd dorch heubt er da Gyselern slug.
Sye hatten bede ein ander den grymen dot gethan.
Da lebt er nit mere, her Dytherichs man, er = yr
Dan Hylbrant der alde Wolffarten da fallen sach, apo koinu
By allen syn zyden jm leyder nye geschach.
Da lebt er auch nit mee de*r* Gonthers man er = yr
Dan Hagen allein. Hylbrant kam gegan.
Wolffart was gefallen neder in das blut.
Er vmb sloß ene myt den armen, den rytter kune vnd gut.
Er wolt ene vß dem huß da getragen han.
Er was eme eins teyls zu swere, er must ene ligen lan.
Da blickt er vß dem blude, der vil kune man.
Er sach wol, das jm sin ohem gern het geholffen von dan. 58^{r}
Da sprach der dot wonde: »lieber ohem myn,
Du magest myr zu desen zyden kein gut hye gesin.
Hude dich vor Hagen, das doncket mych vil gut.
Er draget jn sym hertzen ein vil grymmen mut.

815,1 des.

812,1–2] A 2233,1–2, B 2293,1–2 (2296,1–2), C 2355,1–2.
812,3–4] A 2232,3–4, B 2292,3–4 (2295,3–4), C 2354,3–4.
813] A 2234, B 2294 (2297), C 2356.
814] A 2235, B 2295 (2298), C 2357.
815] A 2236, B 2296 (2299), -C 2358. Str. 814,3–4, vgl. Str. 804 (Wiederholung, Kontamination?).
816] A 2237, B 2297 (2300), C 2359.
817] A 2238, B 2298, C 2360. Vgl. Str. 805 (Wiederholung, Kontamination?).

818 Vnd wolden mych myn frunde fast noch myn dode clagen,
Den dursten vnd den besten saltu von myr sagen,
Das sye nit fast weinen, jne geschee ys an not.
Von eyns edeln koniges handen ligen ich erlich dot.
819 Wol han ich hye vergolden den mynen lyp,
Das ys mogen weinen der guden rytter wip.
Als vch ymant frage, so solt yr jm sagen,
Ich hab in dyeßem storm mene dan hondert man erslagen.«
820 d A gedacht sych Hagen an den spelman,
Dem Hylbrant der alde sin leben angewan.
Er sprach: »yr must gelden alle myn leyt.
Ere hant myr hin gnomen manchen rytter wolgemeyt.«
821 Hagen da von Troyen lieff Hilbrant an.
Palmongs dyßen man da wol vernam,
Dar vmb er mortlichen Sylferden slug.*
Da wert sych der alde; ja was er zornig gnug.
822 Wolffharts ohem slug ein wonden breyt
Vff Hagen von Troyen; das swert vil sere sneyt.
Dach kont er nit verhauwen den Gonthers man.
Da slug ene aber Hagen dorch ein bringen wolgethan. brün
823 Als meynster Hilbrant der wonden da entfant,
Da fochte er schadens mere von des Hagens hant. forht
Den schylt warff er vber rucke, der Dytherichs man.
Myt der starcken wonden der helt jm kume entran.
824 Da lebt er nit mere der forsten lobesam er =
Dan Hagen vnd Gonther, dye zwen wonder kunen man.
Myt blude was beronen der alde Hilbrant.
Da bracht ⟨*er*⟩ auch leydege mere, da er sin hern fant.

819| A 2240, B 2300 (2303), C 2362.
820| A 2241, B 2301 (2304), C 2363.
821| Variante zu A 2242, B 2302 (2305), C 2364.
822| A 2243, B 2303 (2306), C 2365.
823| A 2244, B 2304 (2307), C 2366.
824| -A 2245, -B 2305 (2308), C 2367.

825 Da sach er trurig sytzen den hern wolgethan.
Leydes mychel mere der forst da gewan.
Da er Hilbranden sach von blude rot,
Da frogt er jn der mere als jm sin sorg gebot. 58v
826 »n O sagent myr, meinster Hilbrant, wye sint yr so naß
Worden von dem blude, ader wer det vch das?
Ich wen, das yr in dem huse myt den gesten hant gestreden,
Dach ich vch das verbot; yr het ys bylch vermeden!«
827 »Wye vbel myr dye mere sten zu sagen,«
Er sprach, »dyße wonden slug myr Hagen,
Da ich von dem huß wolt wichen hin dan.«
Wye kum er myt dem leben dem falant entran!
828 Da sprach der von Bern: »vil recht yst vch gescheen,
Da yr mych den gesten fruntschafft hort jehen,
Das yr den freden brocht, den ich hat gegeben.
Het ich sin nit vmber schande, yr must verleren das lebin.«
829 »No zornet nit so sere, myn lieber *her her* Ditherich!
An myr vnd vnßern frunden der schade yst gruschlich.
Wyr wolten Rudegern getragen han von dan,
Des wolten vns nit gonne des konig Gonthers man.«
830 »So wee myr dyß leydes, yst Rudeger dach dot!
Das muß myr sin eyn jamer vor aller myner not.
Gutling dye schone yst myner basen kint.
Ach der armen weysen, der zu Bechelar sint!«

825,4 focht.

825] -A 2246, -B 2306 (2309), C 2368.
826] A 2247, B 2307 (2310), C 2369.
827] -A 2248, -B 2308 (2311), C 2370.
828] A 2249, B 2309 (2312), C 2371.
829] A 2250, B 2310 (2313), C 2372.
830] A 2251, B 2311 (2314), C 2373.

831 Druren vnd auch leydes ermant ene da sin not.
Er begonde heyß weinen, als jm sin truwe gebot:
»Vwe getruw holff, die ich da verlarn han!
Ich kan nit vberwinden des konig Etzels man.
832 Ach lieber meinster, kont yr myr nit gesagen,
Wer der recke sy, der ene hab erslagen?«
Er sprach: »ys det myt crefften der konig Gernot.
Von Rudegers handen yst er auch selber gelegen dot.«
833 Er sprach: »liebe*r* meinster, no sage mynen man,
Das sye sych balde wopen, so wel ich myt ene gan.
Vnd heyßet myr auch brengen myn liecht steln gewant.
Ich wel sye selber fragen, dye helden vß Borgonder lant.«
834 »Vwe lieber *her*, wer sal zu vch gan?
Was yr hant der lebendigen, die secht yr vor vch stan.
Das bin ich alters ein, dye andern die sint dot.«
Da erschrack er der mere, wan ys det jm werlich not,
835 Wan er leydes so groß in der wernt nye gewan. werlt
Er sprach: »vnd sint erstorben alle myn man,
So hat myn got vergeßen. ich was ein forst rych.
No mag ich vil wol heyßen der arm Dytherich.
836 Wye kont sych das gefugen,« sprach aber her Ditherich,
»Das sye alle erstorben weren, dye recken lobelich,
Von dem storme muden, die dach hatten not?
Wan dorch yr vngluck wer ene noch fere der dot!
837 Vwe vil lieber Wolffart, sal ich dich han verlarn,
So mag mych wol ruwen, das ich ye wart geborn,

833,1 lieben.

831] A 2252, B 2312 (2315), C 2374.
833] A 2254, B 2324 (2327), C 2378.
834] A 2255, B 2325 (2328), -C 2379.
835] -A 2256, -B 2326 (2329), C 2380.
836] A 2257, B 2327 (2330), C 2381.
837] A 2259, B 2319 (2322), C 2382.

Segenstap vnd Helfferch vnd auch Walbrant?
Wer sal myr no helffin in der Amelong lant?
838 s ynt myr dan myn sorge nit lenger kan gewesen,
Sage myr, yst yr icht mene genesen?«
Da sprach Hylbrant aber: »weyss got nymant mer,
Wan Hagen allein vnd Gonther der konig her.«
839 »Helfferch der vil kune, yst der auch erslagen?
Gebhart vnd Wychart, wye sal ich dye verclagen?
Es yst an mynen frunden myr der leste tag. freuden?
Ach, das vor leyde *myn* hertz nit brechen mag!«
840 Da sucht her Dittherich selber sin gewant.
Im halff, das er sych wopent, meynster Hilbrant.
Da clagt also crefftiglich er sin sere, der man,
das daz huß alles von siner styme ryßen began. diezen?
841 Der helt gewan da weder eins rechten mans mut.
In grym wart gewapent da der degen gut.
Eyn schylt vil feste, den nam er vor dye hant.
Noch schaden ene da trost der alde Hilbrant.
842 Da sprach von Troyen Hagen: »ich sehen dort her gan
Von Bern her Tytherich; der wel vns bestan
Vnd wel auch an vns rechen, was jm yst gescheen.
Man sal noch hude schawen, wem man das beste sal iehen.
843 Es doncket sych der von Bern, myn her *her* Dytherich,
Nye so starckes libes noch so grymmiglich,
Wel er an vns rechen, das jm yst getan,«
Also redet da Hagen, »ich getar ene wol bestan.«

839,4 mynne.

838] A 2258, B 2318 (2321), fehlt CZak.
839] A 2260, B 2320 (2323), C 2381.
840] A 2261, B 2321 (2324), C 2382.
841] -A 2262, -B 2322 (2325), C 2383.
842] A 2263, B 2323 (2326), C 2384.
843] A 2264, B 2324 (2327), C 2385.

844 d ye rede hort *her* Dietherich vnd auch Hilbrant. 59^v
Er ging, da er die recken bede sten fant,
Vßwing an dem huß geleint an den sal. uzwen
Synen guden schylt sast her Dietherich zuthal.
845 »Vwe myner leyde,« sprach da *her* Dietherich.
»Wye hant yr geworben, Gonther ein konig rich,
An myr elenden? was han ich vch gethan?
Aller myner holff muß ich hye allein stan.
846 O yr guden recken, begnugt vch nit der not,
Das yr vns Rudegern den helten slugent dot.
No hant yr myr genomen alle myn man!
No weyß ich nit der leyde, die ich vch han gethan.
847 Gedencket an vch selber vnd an uwer groß leyt,
Den dot uwer frunde vnd uwer arbeyt,
Ab ys vch guden degen beswere icht den mut.
Ach wye recht wee myr Rudegers dot dut!
848 Is geschach in dyßer wernt nye leyder man mer.
Ere gedacht lutzel an myn leyt vnd an uwer groß ser.
Was ich frunde hatte, die ligen von vch erslagen.
Ich kan no nomer mer die myne frunde verclagen.«
849 »Ja sint wyr nit so schultig,« sprach Hagen der degen.
»Es koment her zu dem huß alle uwer degen
Zu flyß wol gewopent, myt yr schar so breyt.
Mych doncket, wye vch die mere nit sint recht geseyt.«
850 »Was sal ich gleuben? myr [ ] sagt ys Hilbrant,
Vch baden myn recken vß Amelongs lant,

850,1 myr myr.

844] A 2265, B 2325 (2328), C 2386.
845] A 2266, B 2326 (2329), C 2387.
846] A 2267, B 2327 (2330), C 2388.
847] A 2268, B 2328 (2331), C 2389.
848] A 2269, B 2329 (2332), C 2390.
849] -A 2270, -B 2330 (2333), C 2391.
850] A 2271, B 2331 (2334), C 2392.

Das yr ene Rudegern gebet vß dem sal.
Da det yr uwer spotten gegen jne zu tal.«

851 Da sprach der konig Gonter: »sye sagten, wie sie ene wolten tragen,
Rudegern, von hyne; den hyß ich ene versagen
Etzeln zu leyde vnd nit dynem man.
Dar vmb vns Wolffart sere schelten began.«

852 Da sprach her Dietherich: »das solt licht also sine.
Gonther konig edel, dorch die dogent dine,
Ergetze mych der leyde, die myr sint gescheen.
Versune das, forst edel, das ich das von dyr moge jehen.

853 No gyb dich myr zu gysel, du vnd auch din man,
So wel ich vch behuden das best vnd das ich kan, 60r
Das vch zu den Hune*n* nymant hye dut.
Ere solt an myr finden truw vnd alles gut.«

854 »d As muß vns got verbieden,« sprach Hagen der erwegen,
»Das sych dyr ergeben also zwen kune degen,
Dye so werlich hye gewapent stant,
Vnd so ledig noch vor yren finden stant.«

855 »Ere solt ys nit versprechen,« sprach aber *her* Dietherich,
»Gonther vnd Hagen, yr habent beyde mych
Also sere beswert jn hertzen vnd in mut,
Wolt yr mych sin ergetzen, das yr ys bylch dut.

856 Ich geb vch myn truwe vnd sycher vch myt der hant,
Das ich myt vch ryden heym in uwer lant.
Ich geleyden vch myt eren ader ich ligen dot.
Ich dorch vch wel verkyesen die myn großen not.«

853,3 hune.

851] A 2272, B 2332 (2335), C 2393.
852] A 2273, B 2333 (2336), -C 2394.
853] A 2274, B 2334 (2337), C 2395.
854] A 2275, B 2335 (2338), -C 2396.
855] A 2276, B 2336 (2339), C 2397.
856] A 2277, B 2337 (2340), C 2398.

857 »No mudent sin nit mere,« also sprach Hagen,
»Wan vns zympt nit das m*er* hie zu sagen,
Das sych vch ergeben als zwen kune man.
Man sycht by vch nymant mene dan Hilbrant stan.«
858 Der rede antwert Hilbrant: »vch mocht auch wol gezemen,
Den freden myns hern, ab yr den geruchet nemen.
Es kompt noch an dye stonde in vil kortzer zyt,
Das yr ene gern nement vnd vch ene nyemant gyt.«
859 »Myr wer dye sune vil lieber,« also sprach Hagen,
»Ee ich so lesterlich von eynem gaden
Wolt fliehen als du, Hilbrant, hude hie hast gethan!
Ich wont, du kondest finden hart wol by gestan.«
860 Da sprach Hilbrant: »war vmb verwistu myr das?
Wer was, der vor dem steine vff dem schilte saß,
Da vch von Spangen Walther so vil der frunde slug?
Auch hant yr an vch selber noch zeichen glich gnug.«
861 Da sprach der helt von Bern: »wie zempt helden lyp,
Das sye ein ander soln schelten als die bosen wip?
Ich verbieden dyr, Hilbrant, das du nit sprechest mer.
Mych elengen recken zwinget grußlich ser. elen
862 Wolt aber yr icht leucken, frunt *her* Hagen
Das yr das sprachent vor dem gaden,
Da yr mych sacht verwopent gegen dem huß gan, 60v
Das yr mych myt stryde wolt allein bestan?«
863 »Syn leucket nymant,« sprach Hagen der kune degen.
»Ja soln wyr ys versuchen myt den starcken slegen,

857,2 myr.

857] -A 2278, -B 2338 (2341), C 2399.
858] -A 2279, -B 2339 (2342), C 2400.
859] A 2280, B 2340 (2343), -C 2401.
860] A 2281, B 2341 (2344), C 2402.
861] A 2282, B 2342 (2345), C 2403.
862] -A 2283, -B 2343 (2346), C 2404.
863] A 2284, B 2344 (2347), C 2405.

Es sy dan, das myr brech der Nebelonge swert.
Myr yst leyt, das man zweyer recken hye zu gysel hat begert.«
64 d ye rede betrubet sere *her* Dietherich sin mut.
Vff zockt er den schilt vil schier, der snel degen gut.
Hagen der kune auch von der stegen sprang.
Der Nebelong swert dicke vff *her* Dyetherich clang.
65 D*a* we*s*t wol *her* Dietherich, das der kune man
Starck des libes were; schyrmen er began
Der *her* da von Bern myt vngefugen slegen.
Wol bekant er Hagen, den zerlichen degen.
66 Hagen von Troyen ein woffen vff ene slug,
Vff den vogt von Bern, da was er grymmig gnug.
Er gab jm vber das heubt ein slag so groß,
Das jm das blut zu monde vnd zu nasen vß schoß.
67 Als Hagen von Troyen das blut also flyßen sach,
Er begonde jm erst meren mychel vngemach.
Er meint, jm solt gelingen, der vbermutig man.
Her Dietherich von Bern sere truren da began.
68 Er focht Baldongen, ein swert vnmoßen groß vnd gut.
Myt lysten *her* Dietherich ye hin weder slug,
Bys er Hagen den vil kunen da myt stryde betzwang.
Er schrot jm ein wonden, die was dieff vnd lang.
69 Da gedacht *her* Dietherich: »du byst in not gelegen.
Ich han es lutzel ere, saltu no dot gelegen.
Ich wel sost versuchen, ab ich dich betzwingen kan
Myr zu eym gysel.« das wart myt sorgen gethan.

863,3 myr *korr. aus* mych. **865,1** Du weyst.

864] Variante zu A 2285, B 2345 (2348), C 2406.
865] A 2286, B 2346 (2349), C 2407.
866–867] Zusatzstrophen.
868] A 2287, B 2347 (2350), C 2408.
869] A 2288, B 2348 (2351), C 2409.

870 Den schylt fallen ließ *her* Dietherich. sin styrck was groß.
Myt beyden syn armen Hagen er vmb sloß.
Er wart von jm betzwongen, der vil kune man.
Gonther der vil [ ] edel dar vmb truren began.
871 h Er Dietherich bant Hagen; er fuert ene da er fant
Dye edeln konigin. er gab en yr by der hant,
Den aller kunsten recken, der woffen ye getrug.
Noch erem hertzenleyde so wart sye frolich gnug. 61r
872 »No lon vch got von hymel, edel rytter gut!
Ere hant myr wol getrost myn hertz vnd auch den mut.
Ere hant myr zu stuer komen in dyßer großen not.
Das wel ich vmb vch verdinen in dyßer großen not.«
873 Da sprach zu yr *her* Dietherich: »yr solt ene laßen genesen,
Vil edel konigin; ys mag vil wol nach wesen,
Das vch sin dinst ergetzet, das er vch hat gethan.
Er sal des nit entgelten, das man jne sicht gebonden stan.«
874 Sye hyß da furen Hagen an sin vngemach.
Da er lag beslaßen, das ene nyemant sach.
Gonther der konige edel ruffen da began:
»War kam der helt von Bern? er hat myr leyt gethan.«
875 Da sumpte sych nit mere von Bern *her* Dietherich.
Gonthers elende, das was so lobelich. ellen
Da sprongen sye zu samen hin vß vor den sal.
Von yrn beyden swerten hub sych ein vngefuger schal.
876 Wye vil *her* Dietherich lange was gelobt,
Gonther was so sere ertzornt vnd dabt,

870,4 der vil der vil. **874,3** Konig der konige.

870] -A 2289, -B 2349 (2352), C 2410.
871] A 2290, B 2350 (2353), -C 2411.
872] Variante zu A 2291, B 2351 (2354), C 2412.
873] -A 2292, -B 2352 (2355), C 2413.
874] A 2293, B 2353 (2356), C 2414.
875] -A 2294, -B 2354 (2357), C 2415.
876] A 2295, B 2355 (2358), C 2416.

Wan noch starckem leyde sin hertz sere wont was,
Man seyt es vor ein wonder, das *her* Dietherich genas.

877 Sye warent bede gewaßen zu stryde starck gnug.
Gonther von dem Rine jm wenig da vertrug.
Myt sym guden swerte vber synen helm gut
Sych wert da noch mudem Gonther, der degen hochgemut.

878 e re elende vnd yr styrck yr beyder dye was groß. ellen
Palast vnd dorne von den slegen erdoß,
Da sye myt den swerten hyewen dorch die helm gut.
Es hat da her Gonther ein herlichen mut.

879 Da bant ene der von Bern, als Hagen ee geschach.
Das blut dorch die ringe man jm flyßen sach
Von eym scharpen swerte, das trug *her* Dietherich.
Da hat gewyrcket Gonther noch werde lobelich.

880 Da wart ⟨*er*⟩ gebonden von her Dietherichs hant,
Wye wol dach konig edel nit solten lyden solich bant.
Er gedacht, ab er sye ließ vngebonden wesen,
Das sye zwen in dem lande nymant ließen genesen. 61v

881 Der vogt von Bern nam ene by der hant
Vnd brocht ene also gebonden, da er Cremhilten fant.
D*a* was myt sym leyde yr sorge ein teyl benam.
Sye sprach: »konig Gonther, sint myr grußchlich wilkom!«

882 Er sprach: »ich solt dyr neygen, vil edel swester myn,
Ab dy*n* schones grußen mocht gnedig gesin.
Ich weyß dich, konigin, so zornig gnug,
Das du myr dorch Hagen vil swach grußen hie dust.«

881,3 Das. **882,2** dyne. **882,4** hagen *korr. aus* haßen.

877] Zusatzstrophe (inhaltlich entspr. Str. 878. Kontamination?).
878] A 2296, B 2356 (2359), C 2417.
879] A 2297, B 2357 (2360), C 2418.
880] -A 2298, -B 2358 (2361), C 2419.
881] -A 2299, -B 2359 (2362), C 2420.
882] A 2300, B 2360 (2363), C 2421.

883 Da sprach der von Bern: »vil edels koniges wip,
Es wart nye hoer gysel so guder rytter lip
Als ich vch, schone fraw, an ene geben han.
No solt yr dye elenden myn wol genißen lan.«
884 Sye sprach, sye dede ys gern. da ging der kune man
Myt weinden augen von ene dan.
Sye rach sych grymmiglichen, des konig Etzels wip.
Den vßerwelten, den nam sye beyden den lip.
885 Sye hyß sye legen sonder dorch yr vngemach.
Ere eyner den andern nomer mene gesach.
Wye sye ys verlobt hat, des bosen koniges wip,
Sye gedacht: »ich rech noch hude myns lieben mans lip.«
886 Da ging die konigin, da sye Hagen sach.
Ach wie grymmiglich sye zu dem recken sprach:
»Gebestu myr weder, das du myr hast gnomen,
So mochstu wol weder gesont zu den Borgondern komen.«
887 Da sprach der grymme Hagen: »die rede yst gar verlarn.
Wyß, edele konigin, ja han ich das gesworn,
Das ich den schatz nit zeyge, dye wil ich han das leben,
Dan mynen lieben *her*n vnd ene nymant anders geben.«
888 e r wost wol dye mere, sye ließ ene nit genesen.
Wye mocht yr vntruw großer sin gewesen!
Er focht, so sye het jm sin lyp gnomen,
Das sye dan yren bruder ließ weder zu lande komen.*
889 »Ich brenge ys an ein ende,« sprach das bose wip.
Da hyße sye yrem bruder nemen synen lyp.
Man slug jm ab das heupt; by dem har sye ys trug 62r
Vor Hagen von Troyen; ys was jm leyt gnug.

883] A 2301, B 2361 (2364), C 2422.
884] -A 2302, -B 2362 (2365), C 2423.
885] -A 2303, -B 2363 (2366), C 2424.
886] A 2304, B 2364 (2367), C 2425.
887] A 2305, B 2365 (2368), C 2426.
888] C 2427, desgl. a., -k 2429, fehlt AB.
889] A 2306, B 2366 (2369), C 2428.

890 Da der vngemute sines hern heubt ersach,
Weder Cremhylten er da sprach:
»Du hast es zu eym ende noch dynem willen brocht,
Vnd yst auch recht ergangen, als ich myr hat gedocht.
891 No yst von Borgonden der edel konig dot,
Gyseler vnd Folcker, Danckwart vnd Gernot.
Den schatz weyß no nymant dan got vnd myn synne.
Der sal dyr, bose valenden, nommer geoffenbart kome.«
892 Sye sprach: »so hant yr vbel geltes mych gewert.
So wel ich doch behalten des Nebellonges swert,
Das trug myn edel fredel, da yr ⟨*ym*⟩ nampt den lip
Mortlich myt vntrw,« sprach das jamerhafftig wip.
893 Sye zoch ⟨*ys*⟩ vß der scheyden; das kont er nit erwern.
Da gedacht sye dem recken des lebes wol behern.
Sye hub ys myt den henden. das heubt sye jm ab slug.
Das sach der konig Etzel; ys was jm leyt gnug.
894 »Woffen,« sprach Hylbrant, »wye yst no dot gelegen
Von eyns wibes handen der aller beste degen!
Wye er mych selber bracht in engstlich not,
Ja wel ich dach selber rechen des selben recken dot!«
895 h ylbrant myt zorn also zu Cremhilten sprach.
Er slug der konigin eynen swinden slag.
Ja det yr die sorge von dem degen wee.
Sye mocht lutzel helffen, das sye lude schree.
896 Da was gelegen dot aller der feugen lyp.
Zu stucken was zuhauwen des konig Etzels wip.

890] -A 2307, -B 2367 (2370), C 2429.
891] A 2308, B 2368 (2371), C 2430.
892] -A 2309, -B 2369 (2372), C 2431.
893] A 2310, B 2370 (2373), C 2432.
894,1–2] A 2311,1–2, B 2371,1–2 (2374,1–2), C 2433,1–2. Danach Ausfall von 4 Zeilen.
894,3–4] A 2312,3–4, B 2372,3–4 (2375,3–4), C 2434,3–4.
895] -A 2313, -B 2373 (2376), C 2435.
896] A 2314, B 2374 (2377), C 2436.

Konig Etzel vnd *her* Dietherich weinen da began.
Sye clagten clegelichen yr moge vnd auch yr man.
897 Dye vil mychel ere was da gelegen dot.
Dye lude hatten alle groß jamer vnd not.
Myt leyde was erwendet des konges hochtzit,
Als ye die liebe an dem ende leyt gybt.
898 Ich kan vch nit bescheyden, was sieder geschach,
Wan crysten vnd heyden man da weinen sach,
Wyp vnd knecht vnd auch manch schone meyt,
Dye hatten noch eren frunden vil engstlich groß leyt. 62v
899 Ich ensage vch nit mere von der großen not.
Dye da erslagen warent, die laßen wyr ligen dot.
Wye yr ding an fing, das sagt der hunig diet.
Hye hat das liet ein ende vnd heyst Nebelong liet.
900 h ye hat ein ende fraw Cremhylten hochtzit,
Dye wart gemacht in großem haß vnd nit.
Da von manch stoltz helt dot lyt.
Auch wart sye von Hilbranden zuhauwen zu derselben zyt.
901 Geschreben von Johanin Langen vnd geendet
Am samstag in der fasten, am palmobent genenet,
Da man zalt noch Crystus gebort, das yst war,
Mcccc vnd in dem nun vnd viertzigsten jar. Rectum.

897] -A 2315, -B 2375 (2378), C 2437.
898] -A 2316, -B 2376 (2379), C 2438.
899] C 2439, desgl. a, -k 2442, fehlt AB.
900] Zusatzstrophe.
901] Kolophon.

Anmerkungen zu einzelnen Textstellen

1,3 Zur Vertauschung der Frauennamen in 1,3 und 2,1, die auch in a (6 mal in der 6. Aventiure) und in m (Av. 6, 11, 12) vorkommt, vgl. U. Hennig, Lit.verz. III/17, S. 117ff. zum gleichen Phänomen in der Handschrift a. S. auch J. L. Flood: Siegfried's Dragon Fight in German Literacy Tradition. In: A Companion to the Nibelungenlied. Ed. by W. McConnell. Camden East/Ont. 1998, S. 54f.

5,4 Hagen rät besonnen dazu, die streitenden Frauen zu trennen, und nicht zur Tötung Siegfrieds. Auch im Jüngeren Sigurdslied *(Sigorþarkviþa)* Str. 17 rät Högni vom Mord ab, vgl. Die Lieder der Edda. Lit.verz. I/12, S. 371; übers. Lit.verz. I/13, S. 61. Vgl. auch A. Raßmann: Die deutsche Heldensage und ihre Heimat. Bd. 1. Die Sage von den Wölsungen und Niflungen in der Edda und Wölsungasaga. 2. Ausg. Hannover 1863, S. 202f.

6,3 Zum Jagdmotiv in Nibelungenlied und Thidreksaga vgl. H. Schneider: Die deutschen Lieder von Siegfrieds Tod. Weimar 1947, S. 43f.

7,3 Vgl. Laurin und Walberan. Hrsg. v. O. Jänicke in Deutsches Heldenbuch. 1. Teil. Berlin 1866, S. 203 V. 95f.: *do riten die zwene degene balt / birsen ze Tirol für den walt.* Die Erstausgabe des Heldenbuchdruckes hat fol. 259r (Straßburg. Johann Prüss d. Ä. 1479, Hain/Copinger Nr. 8419, Faksimile Lit.verz. I/9, *zů tierolt in dem gewilde.*

8,4 Die ausführlich im »Hürnen Seyfrid« behandelte Befreiung Kriemhilds ist auch im Aventiurenverzeichnis m (6.–8. Av.) und im Rosengarten A, Str. 329–333a angesprochen, sonst in der nordischen Überlieferung. S. auch Einleitung S. XXI Anm. 35.

9,4 Hagens zweideutiger Eid ist sonst nicht überliefert.

10,1 Weiterer Bezug auf den Stoff des »Hürnen Seyfrid« und auf die 1. Aventiure von m.

10,2 Hagen ist hier der Schwager Siegfrieds wie in der nordischen Überlieferung.

11,3 Mischung der Version der deutschen Nibelungenüberlieferung, in der Hagen den toten Siegfried vor Kriemhilds Tür legen läßt, mit der nordischen Bettod-Tradition. Besonders ähnlich ist die Fassung der Thidreksaga mit der gleichen Mischung von Waldtod und Bettod, vgl. Þiđriks Saga af Bern, Lit.verz. I/16, Bd. II S. 267, übers. Lit.verz. I/17, S. 376. S. auch: A. Raßmann, Die deutsche Heldensage und ihre Heimat. Bd. 1. Hannover 1863, S. 207ff.; H. Schneider: Die deutschen Lieder von Siegfrieds Tod, a. a. O., S. 45ff.; Die faröischen Lieder der Nibelungensage, Lit.verz. I/18, 2. Bd.: Brünhild, Str. 226f.

16,1 Die Form *Herche* entspricht anord. *Erka.* Sie kann sich aber auch durch den häufigen Tausch der Liquide bei Zungenartikulation erklären (Paul/Moser/Schröbler: Mhd. Gr. 20. Aufl. § 82, S. 103).

19,4 Die Motivation der Reise entspricht der nordischen Überlieferung in der Thidreksaga und der Völsungasaga: Vgl. Þiđriks Saga af Bern, Lit.verz. I/16, Bd. II S. 281, übers. Lit.verz. I/22, S. 386 bzw. Völsungasaga, Lit.verz. I/14, S. 147–234, Kap. XXXIII, S. 213, übers. Lit.verz. I/15, S. 121. Zusammenfassend Raßmann a. a. O. Bd. I, S. 8 und II, S. 57.

22,3 *jm* = Dativ Plural. Der Synkretismus zwischen Dativ und Akkusativ ist typisch für die Handschrift.

23,3 Die gebirgige Landschaft paßt nicht an den Rhein, vgl. auch 7,3 und 41,3 *zwoschen zwen berg.*

25,1 *Marraw* = Marchfeld? Vgl. H. Oesterley: Historisch-geographische Namen des deutschen Mittelalters. Gotha 1873, S. 426a *Marova, Morava.* Auf dem Marchfeld schlug 1278 Rudolf von Habsburg Ottokar von Böhmen. Vgl. Str. 808.

25,2 *unser frauwen lant* kann sich auf eine Herrscherperson beziehen und eröffnet damit Spekulationsmöglichkeiten, doch auch eine Verlesung aus *oster vranchen lant* ist möglich.

41,3 Für das Flut-Motiv 41,2 muß ein fremder Stoff-Einfluß angenommen werden. Ein Flutmotiv enthält auch Glauwörs Traum im Jüngeren Atlilied *(Atlamól)*, Lit.verz. I/12, Str. 24 S. 443. In Übersetzung: *Einen Gießbach sah ich gehen / Durch die ganze Halle: Erbittert brauste er; Die Bänke stürzte er. Euch beiden Brüdern / Brach er die Füße; / Nichts schonte der schäumende: Das muß schlimmes bedeuten.* (Lit.verz. I/13, S. 74) und der Traum Kostberas in der Völsungasaga, Lit.verz. I/14, Kap. 34, S. 218, übers. Lit.verz. I/15, S. 122.

41/42 schließen die Möglichkeit zur Rückkehr in jedem Fall aus, ob nun durch Tod bei den Hunnen oder die Naturgewalten. Damit verliert die Warnung durch die Wasserfrauen eigentlich ihren Sinn. Möglicherweise gehen diese Zusatzstrophen von der ebenfalls unverständlichen Str. 28 aus.

42,4 *elengen* statt *elenden* ist eine Gutturalisierung, s. W. König: dtv-Atlas der deutschen Sprache. München 1978, S. 52 mit Karte über die Verbreitung. Entsprechend auch die Namensform *Gotling* 725,4 für *Gotelint.*

43,2 *minem hertzen:* Entstellung aus: *minen herren* der Vorlage (= ABC), aber sinnvolle Lesung möglich. Auch b hat *hertzen.*

51,1 Verlesung aus *riche* der Vorlage?

62,4 Einen ähnlich rüden Humor kennt nur die Handschrift b in ihrer Schilderung von Kriemhilds Tod, in der ihr abgeschlagener Kopf auf dem Rumpf verbleibt und durch die Aufforderung, ihn zu neigen, zum Fallen gebracht wird. Vgl. F. R. Schröder: Lit.verz. III/23, S. 331f.

125ff. Umstellung, so daß erst die Verlobung erfolgt und dann die Brautausstattung.

162–178: Zum Einschub vgl. P. Göhler, Lit.verz. III/14, S. 75f.

171,4 Für den verderbten Satz bieten sich zwei Besserungsmöglichkeiten an: Entweder ist *jne* durch *er* bzw. *der her* zu ersetzen, oder das reimende Verb muß im Plural stehen.

174 F. R. Schröder, Lit.verz. III/24, S. 241f., mißversteht die hohlen Säulen in den Zusatzstrophen von b als »scherzeshalber eingefügte Kanonen«, ihm folgend sieht P. J. Becker, Lit.verz. III/1, S. 180: »erschröckliche Waffen« für »sensationslüsterne Bürger«. Vom Schießen aus den Rohren ist aber nie die Rede, nur vom Anzünden und besonderer Entflammbarkeit. S. auch zu Str. 162–178 und 613,2.

176 Die heldenhaften Worte Giselhers entsprechen seiner Aufwertung im gesamten Text der Handschrift.

196ff. Der Aufwertung Volkers in dieser Handschrift entsprechend wird er schon früh herausgestellt.

198,3 Aus dem Walde kommen die der Ritterwelt bedrohlichen Erscheinungen wie Riesen, Waldmenschen und Ungeheuer. Auch der unhöfisch von seiner Mutter im Walde erzogene Parzival gehört hierher.

242,2 Vgl. *swer sin selbes hv̊te, der tv daz enzit* BC.

244,4 *verdinen sy*: Kombination von *d*-losem Gerundium und *n*-losem Infinitiv.

264,4 Zusatz mit Hinweis auf Kriemhilds Rolle im ›Rosengarten A‹, vgl. auch 368,1.

267,2 *vînde* fehlt auch in b.

271,4 Das Paar Kriemhild-Giselher 271,4 hat sonst nur k 1832,4.

272,4 Die falsche Schreibung der Handschrift weist auf eine Vorlage des 13. Jahrhunderts (*z*-förmiges *h*).

283,1 Den Johannisabend statt der Sonnenwende (in ABC) hat außerdem nur noch die k-Version. Er ist im Zusammenhang mit der Johannesminne Str. 438,4 zu sehen.

285–287 Diese auch in Cak überlieferten Strophen beziehen sich auf die Einschübe in Str. 162–178 und in Str. 613,2. S. auch dort. Die drei zusammengehörigen Saalbau-Passagen zeigen Kriemhilds langfristige Racheplanung.

293,3 Doppelung, möglicherweise Korrektur ohne Tilgung der ersten Version.

300,4 Das unklare diakritische Zeichen zeigt möglicherweise ein Unbehagen des Schreibers am verfehlten Reim.

339,3–4 Vgl. 256,3–4.

349,3 *buhurdieren* war wie das Substativ *buhurt* im 15. Jahrhundert kein geläufiger Terminus mehr und wurde gewöhnlich entstellt oder ersetzt wie z. B. in k 1902,4 durch *thurnieren*. Vgl. auch J. Vorderstemann: Die Fremdwörter in Wolframs von Eschenbach ›Willehalm‹. Göppingen 1974 (GAG 127), S. 66 s. v. *bûhurt*.

368,1 Anspielung auf ›Rosengarten A‹, Str. 5–13 wie auch in 264,5.

378 Die Mischung der Vorlagen B und C an dieser Stelle diskutieren H. F. Rosenfeld: Lit.verz. II/6, S. 85f. und Göhler, Lit.verz. III/14, S. 74 Anm. 27. Zu dieser in der Überlieferungsdiskussion berühmten Stelle vgl. auch Brackert, Lit.verz. III/5, S. 131.

394,2 »die doppelte stellung von *herr* wird schon im mhd. beobachtet, und zwar derart, daß das eine mal das wort als titel, das andere mal in der vollen bedeutung als Gebieter steht, im ersteren falle tritt die alsdann im mhd. übliche verkürzung zu *her* ein.« (Grimm: Dt. Wb. Bd. 4,2, Sp. 1134 s. v. *Herr* Nr. 9e:)

438,4 Johannisminne: Schutz auf Reisen, Befreiung aus Not und Waffen der Feinde (vgl. A. Franz, Die kirchlichen Benediktionen des Mittelalters. Bd. I. Freiburg i. Br. 1909, S. 331. Ausführlicher der Artikel »Johannisminne«, Abs. 6 in: Handwörterbuch des deutschen Aberglaubens Bd. 4, Nachdr. Berlin 1987, Sp. 745ff.

613,2 Wiederaufnahme der Beschreibung aus Str. 174, s. Anm. dort und zu Str. 285–287.

631,3 Lösungsmöglichkeiten: *kulten ... die geste* oder *kulte ... den gesten.*

688f. Dieses Kompromißangebot überliefert auch k 2237,3–2238,2.

808,1 Vgl. Diu klage, Lit.verz. I/7, Str. 4295f.: *Von Pazowe der biscof Pilgerîn / durh liebe der neven sîn / hiez schrîben ditze mare, / wie es ergangen ware, in latinischen Buchstaben.*

808,4 Zur Anspielung auf Rudolf von Habsburg (1237–1291) vgl. Str. 25,1.

821,4 Singuläre Begründung für den Mord an Siegfried.

888 Zur Parallelität dieser Strophe mit k vgl. Göhler, Lit.verz. III/14, S. 77.

Der Strophenbestand der Handschrift n im Verhältnis zur Gesamtüberlieferung (Ohne die Zusammenfassung Str. 1–19)

Zusatzstrophen von n gegen ABC(a)

41–42	+ 2
162–179	+ 18 entspr. weitgehend dem Einschub von 23 Str. in *b*
188	+ 1
194–198	+ 5
211	+ 1
264,5	+ 0,25
338–346	+ 8
390–393	+ 3
411–412	+ 2
426	+ 1
434	+ 1
439–444	+ 6
446	+ 1
480	+ 1
507	+ 1
524	+ 1
574	+ 1
600–601	+ 2
613–614	+ 2
683	+ 1
688–689	+ 2
695–696	+ 2
712	+ 1
796–797	+ 2
800	+ 1
802	+ 1
807–808	+ 2
866–867	+ 2
900	+ 1
901	+ 1 (Kolophon)

Zusatzstrophen von n gegen AB mit C(a)

72	+ 1	(C)a 1609	desgl. Hdk
85–87	+ 3	(C)a 1621–1623	desgl. Hdk
weitere Zusatzstrophe von a fehlt in Hdn			
285–287	+ 3	C 1859–1861	desgl. ak
308	+ 1	C 1882	desgl. Iahk
361–362	+ 2	C 1943–1944	desgl. Iadhk
365–366	+ 2	C 1947–1948	desgl. Iadhk
377	+ 1	C 1960	desgl. Iadhk
weitere 2 Zusatzstophen Cak fehlen Ihdn			
387	+ 1	C 1972	desgl. ak
428	+ 1	C 2004	desgl. ak
488–489	+ 2	C 2056–2057	desgl. a
514	+ 1	C 2081	desgl. ak
516	+ 1	C 2083	desgl. ak
580	+ 1	C 2142	desgl. ak
618	+ 1	C 2177	desgl. ak
656	+ 1	C 2215	desgl. ak
728	+ 1	C 2280	desgl. ak
803	+ 1	C 2350	desgl. Zak
888	+ 1	C 2427	desgl. ak
899	+ 1	C 2439	desgl. ak

Zusatzstrophen von n mit AB gegen C

64	+ 1	A 1504,3–4/1505,1–2, B 1561,–3–4/1562,1–2	desgl. Dhbfg, fehlt Ih
525	+ 1	A 1972, B 2032	desgl. DIbdhk
704	+ 1	A 2137, B 2197	desgl. DIh
838	+ 1	A 2258, B 2318	desgl. DIZbhk

Zusatzstrophen von n mit BC gegen A

120 + 1 mit BCDIabdghk

Fehlende Strophen von n gegen ABC(a)

Nach Str.	fehlen:		
26	3	A 1466–1468, B 1523–1525, (C)a 1562–1564	desgl. in Ih
94,3–4	0,5	A 1530,3–4, B 1587,3–4, (C)a 1630,3–4	
105,1–2	0,5	A 1541,1–2, B 1598,1–2, C 1641,1–2	
135	1	A 1630, B 1689, C 1731	
235	1	A 1706, B 1765, C 1809	desgl. in k
In Str. 316	1	A 1783/84, B 1842/43, C 1890/91	zusammengezogen
440	1	A 1898, B 1958, C 2015	
455	1	A 1909, B 1969, C 2025	
In Str. 734	0,25	A 2164,4, B 2224,4, C 2285,4	
894	1	A 2311/12, B 2371/72, C 2333/34	zusammengezogen

Fehlende Strophen von n gegen AB

Nach Str. 496 fehlt A 1948, B 2008 (vorhanden in DIbh) -1

Fehlende Strophen von n gegen C

Nach Str.	fehlen:		
160	C 1757	-1	
212	C 1785	-1	
377	C 1961–1962	-2	desgl. Idh

Strophendoppelungen durch Kontamination

208,1–2 und 211,1–2
513 und 515
571 und 572
729 und 731
796 und 798
804 und 815
805 und 817
877 und 878

Übersicht über die in der Handschrift n vorgesehene Initialengliederung im Vergleich mit den Aventiuren-Anfängen und Initialen in A, B und C anhand der Parallel-Ausgabe von Batts

Initialen waren vorgesehen vor Strophe

1
15
49
85
132
181
189
199
213 = B 1742 (1745), C 1786
234 = C 1807
237
247
253 = C 1827
259 = C 1833
268
275 = B 1805 (1808), C 1849
283
294 = B 1821
302
318 = B 1845 (1848)
326 = C 1902
330
338
346
355
363
374
380
392
405 = B 1930 (1933), C 1985
408 = B 1933 (1936)
428
437
446
455
462 = C 2032
470
481 = B 1997 (2000), C 2053
487
494 = C 2063
504 = C 2073
511
520 = B 2028
529
535
544
553 = C 2118
560
569 = B 2076
577
596
603 = B 2105 (2108)
609 = B 2111
619
626
635
661
666
676 = B 2174
688
693 = A 2129, B 2189 (2192), C 2250
703
710

718 = B 2210 (2213)
727 = B 2219 (2222)
735 = B 2225 (2228), C 2286
745 = B 2235 (2238)
751 = B 2241 (2244), C 2302
759 = C 2310
772 = B 2262 (2265)
778 = B 2268 (2271)
787 = B 2277 (2280)
793 = B 2283 (2286)
803
809
820 = B 2301
826
838
844
854 = C 2396
864 = B 2345 (2348), C 2406
871 = C 2411
878
888
895 = C 2435
900

Zusatzstrophen der Handschrift b nach der Ausgabe von Batts, Anh. II., S. 795f. zum Vergleich mit Str. 162–179 der Handschrift n

1 Do die burgonde chomen auf daz veld
auf schlůg man drey kunigen so herlich gezelt
sy stiessen auf die vanen die waren von golde rot
da westen nicht die herren daz in so nahent waz der dot

2 Da gieng die frawe kriemhild an ain zinnen hin dan
da sach sy auf dem velde reiten mangen man
des frewt sich taugenlichen die wunder schone mait
aller erst so wirt gerochen des kunen seifriden leip

3 Der mir so mortlichen ze tod ward geschlagen
daz chan ich vntz an mein ende nimm*er* mer v*er*clagen
obe der grossen eren die ich verlorn han
es gelag an frawen arme nie so dugenthaffter man

4 Sein vil grosse dugent macht mir he*r*tzenlait
wann ich daran gedencke als er von mir rait
mit so gar gesundem leib so mert sich mein clag
mir darf niemat weisen waz ich gross laides trag

5 Got het mir in zů ainem mann aus aller welt erkorn
wer dausent mann dugende an ainem mann geborn
dannoch waz ir mere den Seifrid aine trůg
die frawe clagt vil sere zu dem hertzen sy sich schlůg

6 Schier wurden dem bernere die mere chunt getan
man sach in da vil drate über den houe gan
mit im hillpranden nach riterlichem siten
vil edle kuniginne daz solt ir lassen vermiten

7 Daz man euch nicht sach wainen zů dirre hochzeit
vnd habt her besendet aus fremden landen weit
vil mangen werden recken vnd ma*n*gen piderman
daz man euch sicht wainen daz ew übel an

8 Ich man dich deiner trewe herre hillteprant
ob du ye gab enpfiengd von mein*er* gebenden hant
so rich mich an hagen darumb gib ich dir gold
vnd bin dir vntz an mein ende mit gůten trewen hold

9 Do sprach der berner ir seit ain vbel weib
daz ir ewren magen ratent an den leip
vnd habt so mangen poten zum rein nach in gesant
so sind sy ew chomen ze hause mit w*er*licher hant

10 Naina her hillteprant als lieb ich ew sey
nun enpfach mir von dem reine die kunig alle drey
vnd hais sy ligen zů vellde vntz morgen so es werd tag
so waren ich sy mit trewen des aller pesten so ich mag

11 Hart gezogenlichen rait maiser hillteprant
da er die drey kunig von dem reine vand
er enbaist vil ritterlichen vnd lie sich auf die knie
daz er die drey kunig von dem rein enpfie

12 Bis wilkumen gunther kunig von dem rein
sam sey gernot der liebe pruder dein
vnd geiselher der junge vnd hagen ain starcker man
vnd manig schneller recke der ich aller nit genennen kan

13 Ew enbewt der berner der liebe herre mein
fruntschaft vnd hullde vnd gantzen dienst sein
vnd haist ew ligen ze vellde vntz es werde tag
so warnt er ew mit trewen des pesten des er mag

14 Got müss euch behutten vor aller schlachte not
vor vierdhalbem jare waz euch berait der tot
es hat ewr schwester kriemhild geschworn vil mangn̄ ait
daz sy an ew wöll rechen die iren grossen hertzenlait

15 Er enpewt ew daz ir meident als lieb ew sey daz leben
daz newe haus bey der tůnaw ist ew herberge geben
daz sult ir mir gelauben vnd cham ewr darein ain hör
ir müstent alle sterben vnd cham ewr kainer ze wer

16 Sagent it drein roren die sind innan hol
die sind geworcht schone mit schwebel vnd mit kol
die sol man an zunden so die dische sind berait
daruor sult ir euch hütten ir stoltzen hold vil gemait

17 Des erschrack der kunig sere die red waz im lait
nun lon dir got hilltenprant daz du vns hast gesait
daz du hast gewarnet vns ellende man
ach daz wir hie zů den hünen lutzel trewen funden han

18 Des erlachten die jungen vnd heten es für spot
do sprachen die weysen daruor behüt vns got
wir seyen durch grosse trewe geriten in daz lant
sy hat vil mangen poten hin zum rein nach vns gesant

19 Nun sprach gezogenlichen der kunig gernot
hat vns mein schwester kriemhilt geladen in den dot
wir seyen durch grosse trewe geriten zů der stat
wann vns mein schone schwester von dem rein zu hause pat

20 Do sprach der videlere der chune volker
ich pin von dem reine durch gab geriten her
der wil ich mich verzeihen so sprach der spilman
ich videl mit dem schwerte daz aller peste daz ich kan

21 Ich erzaig in mein done daz sy müssent auf hoh*er* stan
vnd wellent sy nicht erwinden es mag in also ergan
ich schlach ir ettlichem ain geschwinden geigenschlag
vnd hat er liebe mage den er es wol clagen mag

22 Als hillteprant der allte wollte dannan si gan
geiselher der junge pat in stille stan
er gab im ainen mantel den er im zů den eren trůg
fur dreissig marck golldes het er pfandes genůg

23 Als zů im genam den mantel maister hillteprant
er rait gezogenlichen da er den von pern vand
secht ir den reichen mantel den ich an mir han
den gab mir geiselher der junge da ich von im wolte gan

Namenverzeichnis

Da die Namensformen in der Handschrift n des Nibelungenliedes sehr uneinheitlich sind, wird, wo möglich, um der Vergeichbarkeit willen im Verzeichnis als Lemma die bei Gillespie[1] aufgeführte Form angesetzt. Das Namenverzeichnis bezieht sich auf die Handschrift, nicht auf die Textedition.

Alle Namen werden undekliniert und in der in der Handschrift vorherrschenden Kleinschreibung wiedergegeben. Belegstellen, die auf Texteingriffe weisen, sind kursiv gesetzt. Konjizierte Namen stehen in spitzen Klammern.

Der Titel *her(re)* und seine zweifache Nennung sind Anlaß, die Belege bei den zugehörigen Namen aufzuführen. Dietrich von Bern trägt fast konsequent den Titel *her*, oft ist dieser mit dem eigentlichen Namen fest verbunden *(herdietrich)*,[2] was mehrfach zu Doppelungen führt. Solche Doppelformeln kommen auch bei Bloedelin und Gernot vor. Die Erscheinung ist nicht als Dittographie zu erklären, sondern als eine Anredeform für Standesperson, vgl. Anm. zu Str. 394,2, S. 142. Sîfrit wird nur einmal (7,2), und zwar von seiner Gattin, als *her* angeredet, bei Hagen tritt die Anrede zweimal, bei Irinc einmal auf.

Amelrîch, Bruder Elses
- *amelger* 48,2.
- *amelrych* 56,1

Amelunc, Dietrîchs Stammesname
- *amelong* 182,2. 464,3. 766,1. 786,2. 837,4. 850,2.

Aldrîân, Hagens und Dankwarts Vater
- *adrian* 37,2. 221,2. 223,1. 414,1. 712,1. 784,4.

Balmunc, Sîfrîts Schwert
- *baldong* 247,2. 264,3. 796,3. 868,1.
- *palmong* 821,2.

Bayern
- *beyerlant* 46,2. 104,3. 107,1.

Bechelâren (Pöchlarn)
- *bechelar* 148,4. 149,4. 152,4. 155,2. 352,3. 663,4. 701,4. 715,2. 718,1. 731,4. 830,4.

[1] G. T. Gillespie, A catalogue of persons named in German heroic literature. Litverz. III/13.

[2] Diese Erscheinung ist identisch mit dem Gebrauch im wiedergefundenen und von K. Klein veröffentlichten ›Rosengarten‹ (ZfdA 115. 1986, Abb. S. 51).

– *bechelaren* 486,3.[3]
Bern (Verona)
– *bern* 161,2. 166,1. 168,1. 170,1. 182,3. 190,3. 191,3. 192,1. 216,1. 226,2. 271,1. 363,3. 364,1. 367,1. 464,1. 488,2. 742,3. 743,1. 745,1. 747,1. 759,2. 765,1. 790,1. 828,1. 842,2. 843,1. 861,1. 866,2. 867,4. 874,4. 875,1. 879,1. 881,1. 863,1.
Bernaere, der (zumeist Dietrîch)
– *berner* 369,1. 468,1. 475,1. 479,1. 780,1 (Wolfhart). 783,2. 790,1.
– *bernere* 478,1.
Bloedelîn, Etzels Bruder
– *blodelin* 369,2. 371,1. 372,1. 374,1. 375,1. 376,1. 388,1. 389,1. 392,1. 392,3. 394,1. 439,1.
– *der blodelin* 395,1. *her blodelin* 370,1. 396,1. 399,1. 430,2. *myn her her blodelin* 394,3.
Brünhilt
– *brunhylt* 1,1. 1,3. 3,1. 4,1. 200,4. 257,4.
Burgund
– *borgentrych* 27,1. 69,1. 78,1. 175,1. 176,1. 189,1. 194,1. 334,4. 533,3. 585,1. 587,1. 620,1. 683,1.[4]
– *borgonder lant* 25,4. 88,4. 111,2. 170,2. 183,4. 243,4. 271,2. 348,3. 425,4. 447,4. 461,4. 472,2. 525,4. 563,4. 674,2. 700,4. 706,4. 735,4. 759,4. 777,4. 833,4.
– *borgonden* 119,4. 202,2. 271,2. 496,1. 531,4. 809,1. 891,1.
– *byrgonden* 512,1.
Burgunder
– *borgonder* 20,1. 23,1. 199,1. 403,3. 437,4. 497,4. 534,2. 560,4. 666,4. 720,3. 749,4. 751,4. 886,4.
– *borgonden* 122,4.
burgundisch
– *borgondesch* 216,3.
Däne
– *denmarcke(r)* 535,4. 558,1. 564,1.
Dänemark
– *denmarck lant* 516,3.
– *denne lant* 548,1.
– *denner lant* 555,1.
– *denmarcker lant* 558,1.
Dancwart, Hagens Bruder
– *danckwart* 25,4. 83,1. 103,4. 105,1. 110,3. 133,1. 146,2. 185,2. 203,1. 274,3. 348,2. 369,4. 388,4. 389,3. 391,3. 392,1. 394,2. 396,1. 398,1. 399,3. 402,1. 405,4. 408,3. 409,2. 412,2, 419,4. 425,1. 426,1. 427,1. 428,1. 429,1.

---

[3] Eine Lesung als *bethelar* (so auch im Druck des Heldenbuches, vgl. Heldenbuch (Litverz. I,9, Bd. II, S. 145) ist nicht völlig auszuschließen. Die zeittypisch fehlenden Oberlängen des *t* erschweren die Unterscheidung der Verbindungen *ch/th*. Im zitierten Erstdruck des Heldenbuches Straßburg 1483 heißt der Hunnenkönig entsprechend *Eczel*.

[4] Diese Form tritt nach Göhler, Litverz. III/14, S. 77 sonst in der Nibelungenliedüberlieferung nicht, aber im Rosengarten D und F auf.

435,1. 457,3. 461,1. 563,1. 576,2. 600,4. 602,1. 712,1. 719,3. 732,1. 787,1. 800,1. 801,4. 891,2.
- *danckewart* 460,1.
Dietrîch (von Bern)[5]
- *dytterich* 217,2. 471,3. 474,1.
- *dyttherich* 790,3.
- *diederich* 470,4.
- *her dyttherich* 166,1. 179,1. 180,2. 183,2. 184,1. 190,2. 191,2. 466,1. 476,4. 480,4. 488,2. 742,3. 759,2.
- *her dietherich* 760,2. 844,1. 844,4. 845,1. 852,1. 855,1. 864,1. 865,1. 867,4. 868,2. 869,1. 870,1. 871,1. 873,1. 875,1. 876,1. 876,4. 879,3. 880.1. 896,3.
- *her dytterich* 216,1. 218,2. 219,2. 220,2. 226,1. 351,2. 635,1.
- *her her ditherich* 743,1. 752,1. 829,1.
- *her her dietherich* 762,1.
Donau
- *donawer* 17,1.
- *donaw* 19,2. 26,4. 155,4. 157,1. 173,2.
Else, Markgraf von Bayern
- *elsang* 45,4.
- *elsarg* 52,3.
- *elsam* 96,3.100,3.[6]
Etzel
- *etzel* 15,2. 16,2. 17,3. 19,4. 28,4. 35,1. 36,4. 38,3. 134,4. 141,4. 149,4. 156,4. 157,4. 158,3. 159,4. 189,2. 192,3. 208,4. 217,1. 219,4. 230,3. 231,2. 252,4. 261,4. 265,2. 275,2. 280,1. 283,2. 285,1. 289,4. 331,1. 335,2. 336,4. 344,3. 345,1. 347,3. 350,2. 355,4. 356,4. 360,1. 371,3. 376,3. 378,3. 379,1. 380,1. 382,4. 396,4. 405,1. 410,4. 416,4. 418,2. 427,2. 434,1. 446,1. 446,3. 447,1. 448,1. 449,3. 453,4. 454,3. 462,3. 465,3. 478,3. 480,3. 481,1. 482,1. 503,2. 504,1. 506,1. 508,1. 509,2. 510,2. 510,3. 512,4. 513,1. 514,1. 514.4. 557,4. 569,4. 572,3. 577,3. 578,4. 581,1. 582,1. 587,4. 588,1. 591,1. 604,4. 606,1. 607,4. 612,4. 617,4. 623,1. 627,1. 635,4. 636,4. 640,4. 643,1. 647,2. 647,4. 650,1. 657,1. 665,1. 666,1. 677,4. 697,4. 698,3. 739,4. 741,1. 743,3. ⟨748,3⟩. 787,3. 831,4. 851,3. 884,3. 893,4. 896,2. 896,3.
- *Etzle* 136,4.
Volkêr von Alzeye, burgundischer Spielmann
- *folcker* / 88,2. 88,4. 98,2. 117,4. 118,1. 148,1. 185,2 (*von elsam)*. 239,1. 244,1. 246,1.

[5] Ohne Berücksichtigung der Zusammenschreibung von h*er(re)* mit dem Namen.

[6] Möglicherweise Kollision mit der Gestalt des *Ilsân*, auch *Elsan, Elsam* der Dietrichsage (Alpharts Tod,: Rosengarten), vgl. Gillespie S.84f. Alpharts Tod hat *Ylsam*. Vgl.auch k 1623 u. ö. *Ilsung*.

249,1. 250,1. 267,1. 300,1. 300,4. 301,1. 303,1. 313,1. 316,1. 319,1. 340,2. 342,1. 450,1. 451,4. 458,1. 461,4. 480,1. 481,2. 487,4. 491,2. 492,1. 493,2. 500,1. 501,4. 505,1. 512,1. 515,1. 524,1. 562,2. 566,4. 569,3. 565,1. 601,4. 614,3. 707,1. 709,1. 711,1. 732,2. 736,4. 759,1. 791,1. 793,2. 794,1. 796,1. 798,1. 799,2. 891,2.
- *volcker* 193,2. 227,2. 269,4. 272,2. 277,2. 290,2. 307,2. 329,1. 349,2. 458,4. 460,1. 482,2. 495,2. 504,2. 521,4. 530,2. 531,2. 565,1. 566,4. 569,3. 617,3. 716,2. 796,1.

Geberîch, Mann Dietrîchs (nicht bei Gillespie).
- *geberich* 788,1. vermutlich identisch mit:

Gebhart, Mann Dietrîchs
- *gebhart* 839,2.

Gelpfrât, Bruder Elses
- *gelfrat* 46,1.
- *gelbfryed* 29,3. *gelfryt* 47,4.
- *gelpfred* 53,3. 70,4. 96,3. 100,1. *gelpfret* 106,4.

Gêrhart, Mann Dietrîchs
- *gerhart* 800,2.

Gernôt
- *gernot* 69,1. 78,1. 112,1. 121,1. 139,1. 172,1. 175,1. 191,2. 276,1. 505,3. 533,1. 533,3. 589,1. 598,1. 681,1. 682,1. 684,1. 713,2. 719,1. 721,1. 724,2. 726,1. 832,3. 891,2.
- *her her gernot* 453,1.
- *gernolt* 128,3. 185,1. 271,3.

Gîselhêr
- *gyseler* 123,4. 127,4. 137,4. 154,2. 172,2. 176,1. 177,2. 178,4. 185,1. 204,3. 227,1. 276,2. 297,1. 455,2. 485,1. 496,1. 534,4. 535,1. 536,4. 537,4. 539,3. 585,1. 594,1. 599,1. 620,1. 660,1. 670,1. 671,1. 690,1. 692,1. 694,4. 696,1. 713,3. 719,3. 729,1. 732,1. 733,1. 786,3. 801,2. 809,1. 811,1. 812,1. 813,4. 891,2.
- *gyseller* 271,4.
- *gyßler* 122,1.
- *geyßeler* 111,2.
- *geyßelher* 97,4.
- *geyßher* 77,3.

Gotelint, Rüedegêrs Gattin
- *gutlint* 123,2
- *gotling* 725,4.
- *gutling* 148,2. 830,3.

Gunther
- *gonter* 4,1. 851,1.
- *gonther* 6,1. 25,2. 27,1. 40,4. 41,1. 61,3. 63,4. 67,1. 82,2. 90,2. 91,4. 111,3. 135,1. 135,4. 172,1. 185,1. 189,1. 191,2. *226,3.* 238,2. 243,1. 271,2. 276,1. 289,1. 321,3. *326,3.* 340,1. 345,2. 352,1. 397,2. 410,3. 416,3. 418,1. 454,4. 467,3. 471,1. 473,1. 477,1. 486,4. 490,1. 492,1. 505,3. 531,4. 553,4. 584,1. 587,1. 600,3. 676,1. 713,2. 719,1. 732,1. 761,3. 771,1. 786,1. 788,3. 802,1. 802,4. 806,2. 808,2. 815,1. 822,3. 824,3. 829,4. 838,4. 852,2. 855,2. 870,4. 875,2. 876,2. 877,2.

877,4. 878,4. 879,4. 881,4.
- *her gonther* 878,4.
Hadeburc, Wasserfrau
- *helborg* 33,1.[7]
Hagen von Tronege
- *hagen* 5,4. 6,1. 9,1. 25,3. 29,4. 32,1. 33,2. 36,1. 37,2. 43,1. 45,1. 45,2. 49,1. 51,4. 55,3. 57,1. 59,1. 60,4. 62,1. 63,4. 66,1. 67,3. 70,1. 73,3. 75,2. 76,3. 78,4. 81,2. 82,3. 85,2. 88,4. 91,1. 121,4. 140,1. 141,1. 144,3. 168.3. 185,2. 186,1. 187,3. 190,1. 203,1. 204,4. 205,1. 207,1. 211,1. 212,1. 213,4. 215,2. 216,3. 218,2. 224,1. 224,4. 231,4. 233,4. 234,3. 235,4. 240,1. 241,1. 243,1. 247,1. 248,4. 251,1. 254,1. 255,1. 256,1. 257,2. 263,1. 269,1. 272,2. 273,4. 277,2. 278,1. 288,4. 292,2. 298,1. 299,4. 300,2. 308,3. 309,1. 312,4. 314,1. 317,1. 320,2. 322,3. 329,1. 333,1. 334,1. 335,1. 338,1. 339,1. 340,1. 341,1. 342,1. 365,1. 375,3. 379,3. 384,1. 385,1. 385,4. 386,2. 387,4. 395,3. 397,2. 405,4. 415,2. 417,4. 429,1. 429,2. 431,1. 437,1. 440,2. 441,2. 443,4. 446,2. 446,4. 447,2. 449,1. 451,4. 457,4, 458,1. 462,2. 463,1. 464,2. 468,4. 490,2, 491,1. 495,3. 497,1. 504,2. 505,1. 506,4. 508,4. 509,1. 511,1. 517,4. 518,1. 522,1. 523,4. 525,2. 525,4. 527,3. 540,3. 541,1. 541,3. 542,1. 542,3. 544,3. 545,3. 546.1. 551,1. 552,3. 554,4. 566,4. 571,1. 572,1. 576,2. 580,3. 588,4. 600,3. 602,3. 603,4. 614,3. 617,3. 688,1. 693,4. 697,2. 699,1. 700,2. 700,3. 703,1. 704,1. 706,1. 707,2. 711,1. 716,2. 726,4. 732,2. 763,1. 775,4. 782,1. 783,3. 787,1. 797,2. 798,1. 805,3. 815,2. 817,3. 820,1. 822,4. 823,2. 824,2. 827,2. 838,4. 843,4. 849,1. 854,1. 855,2. 857,1. 859,1. 863,1. 864,3. 865,4. 868,3. 870,2. 871,1. 874,1. 879,1. 882,4. 886,1. 887,1.
- *von troyen hagen* 28,1. 39,1. 84,1. 86,1. 95,3. 108,1. 181,1. 195,1. 265,4. 596,2. 601,2. 609,1. 616,1. 727,1. 758,2. 842,1.
- *hagen von troyen* 60,2. 66,4. 79,3. 103,1. 106,3. 146,1. 199,4. 219,2. 226,1. 238,2. 326,3. 418,2. 796,1. 821,1. 822,2. 866,1. 867,1. 889,4.
- *her hagen* 611,1. 862,1.
Hawart von Tenemarken, Irincs Lehensherr
- *hawart* 520,3.
- *hauwart* 523,1. 542,3. 552,2. 559,3. 560,1. 563,1. 563,4.
- *hanewar* 274,1.
Helche, Etzels erste. Gemahlin
- *herch* 16,1.
- *herche* 223,4.
Helferîch, Mann Dietrîchs
- *helfferch* 748,1. 750,2. 781,4.

[7] Wohl aus *Hiltburc.*

801,1. 801,4. 837,3. 839,1.
- *helfferich* 751,2.
Helmschrôt, Mann Dietrîchs
- *helmschrot* 768,1.
Herrât, Dietrîchs Gemahlin
- *hera* 226,3.
Hildebrant, Dietrîchs Waffenmeister
- *hilbrant* 166,2. 168,1. 170,1. 171,1. 177,1. 178,1. 366,1. 757,2. 761,1. 768,3. 778,2. 783,3. 792,4, 793,1. 814,3. 815,2. 820,2. 821,1. 824,3. 825,3. 838,3. 841,4. 844,1. 850,1. 857,4. 858,1. 859,3. 860,1. 861,3. 894,1. 895,1. 900,4.
- *hyldenbrand* 754,3. 793,4.
- *meynster hyldebrant* 755,1.
- *meinster hilbrant* 779,1. 781,2. 782,1. 799,1. 823,1. 826,1. 840,2.
- *von bern meinster hylbrant* 161,4.
- *von bern hylbrant* 364,1.
Hildegunt, Gemahlin Walthers von Spanien
- *hyltegunt* 224,4.
Hunne
- *hune* 33,4. 37,4. 42.4. 87,2, 146,4. 156.3. 158,2. 162,1. 176,2. 186,3. 188,4. 193,4. 194,3. 197,3. 199,3. 205,4. 207,4. 218,4. 246,4. 260,4. 261,1. 278,2. 290,2. 311,1. 326,4. 395,4. 396,2. 400,3. 406,1. 411,1. 416,1. 435,2. 450,4. 477,4. 479,1. 490,3. 494,1. 500,3. 501,1. 504,3. 571,2. 619,2. 699,4. 771,2. 619,2. 699,4. 749,3. 779,4. 853,3.
- *hůne* 15,2.
- *heune* 355,2. 437,2. 454,3. 502,4. 504,3.
Hunnenland (als Kompositum)
- *hunerlant* 625,3.
hunnisch
- *hunsch* 155,4. 244,2. 404,1. 414,1. 458,3. 577,4. 585,2. 622,1. 636,1. 640,2. 645,2.
- *hůnsch* 132,2.
- *hunig* 899,3.
Irinc von Tenemarke, Markgraf
- *yring* 519,1. 520,1. 520,4. 521,2. 522,1. 541,4. 551,4.
- *yrring* 557,1. 519,1. 527,1. 529,2. 533,4. 536,4. 537,2. 543,1. 543,3. 547,3. 553,1. 555,1. 556,4. 559,2.
- *her yrring* 535,1.
- *yrrig* 274,1.
- *yrrung* 516,3.
Irnfrît von Thüringen, Landgraf
- *irrenfred* 271,3.
- *yrfryed* 562,1.
- *erefryed* 560,2. *-t* 561,1.
- *erfryt* 520,2.
Johannes, Apostel
- *sant johan* 283,1. 408,3.
Kriemhilt
- *kremhylt* 1,1. 2,1. 5,1. 7,1. 10,4. 14,3. 16,4. 18,1. 19,1. 24,4. 158,3. 159,1. 160,1. 163,3. 204,1. 363,2. 400,1. 436,4. 544,2. 571,4. 807,2.
- *kremhelt* 163,1.
- *cremhylt* 185,4. 187,2. 200,4. 209,1. 215,1. 221,1. 222,2. 229,2. 247,4. 257,4. 277,4. 292,4. 307,3. 308,1. 313,4. 316,3. 323,4. 346,3. 347,1.

350,2. 397,4. 404,4. 443,1. 444,3. 506,2. 510,1. 511,1. 578,2. 591,3. 620,4. 627,2. 650,1. 666,1. 700,2. 744,2. 890,2. 900,1.
- *cremhilt* 881,2. 895,1.
Marchau (Marchfeld)
- *marraw* 25,1.
Moerinc (Mehring)
- *noringen* 95,1.
Nibelunge
- *nebelonge* 16,3. 24,1. 158,2. 161,1. 187,4. 204,2. 208,2. 209,2. 211,2. 364,2. 375,4. 570,4. 863,3. 864,4. 892,2. 899,1.
- *nebelvnge* 21,1.
Niederlande
- *nyederlande* 200,2.
Nuodunc, Rüedegêrs Sohn
- *nudung* 369,3.
- *nudong* *142,3*. 372,3. 373,3. 390,3. 399,4.
Ortliep, Etzels und Kriemhilts Sohn
- *ortleyb* 439,4. 440,1. 445,2.[8]
- *orteleyb* 378,3. 379,2. 511,4.
- *ortleub* 383,4. 384,4. 428,2. 507,2.
Österreich
- *osterlant* 26,1.
- *osterich* 157,1.
Pilgerîn, Bischof von Passau
- *bygerin* 808,1.
Rhein
- *ryn* 16,4. 17,1. 70,3. 87,2. 87,3. 89,4. 157,3. 171,4. 177,4. 206,3. 209,3. 275,1. 276,3. 304,4. 331,2. 344,4. 356,2. 360,4. 381,2. 452,1. 459,4. 486,3. 534,3. 568,4. 571,4. 594,4. 682,2. 776,3. 802,4. 877,2.
Rîchart, Mann Dietrîchs
- *richart* 788,1. 800,2.
Rudolf von Habsburg, römisch-deutscher König
- *rudolff* 808,4.
Rüedegêr, Markgraf von Bechelâren
- *rudeger* 113,2. 123,1. 124,1. 134,2. 135,4. 137,2. 138,4. 139,4. *142,3*. 154,1. 184,4. 282,1. 352,3. 453,3. 484,1. 486,1. 488,2. 633,4. 635,1. 636,1. 641,1. 643,l. 645,2. 645,4. 647,1. 649,1. 650,3. 653,3. 657,3. 662,2. 664,1. 669,1. 672,4. 678,2. 680,1. 681.3. 684,1. 686,4. 690,2. 691,2. 697,1. 699,3. 701,4. 702,1. 705,1. 705,4. 710,1. 711,4. 713,4. 718,3. 720,4. 721,3. 724,2. 725,1. 726,2. 727,4. 729,4. 730,3. 734,3. 735,3. 737,3. 738,4. 741,4. 749,4. 753,4. 761,4. 763,3. 765,3. 766,3. 767,4. 769,1. 770,1. 773,4. 789,4. 829,3. 830,1. 832,4. 846,2. 847,4. 850,3. 851,2.
- *rudiger* 633,4.
Sîfrît
- *syffert* 2,3. 3,4. 4,3. 5,2. 7,2.

[8] Die Form *Ortleyb* 440,1 ist die ältere gegenüber *Ortlieb*, vgl. H.-F. Rosenfeld, Litverz. II/6, S. 79; W. Förstemann, Altdeutsches Namenbuch, Bd. 1. Personennamen. Göttingen 1949, Sp. 1180.

10,1. 12,4. 15,3. 15,4, 24,4. 168,3. 169,4. 185,3. 186,4. 187,1. 192,4. 200,2. 247,4. 256,3. 257,2. 264,3. 339,3. 365,2. 368,4. 370,3. 395,3. 396,3. 509,2. 509,3. 821,3.
- *syffer* 8,1.
- *her syffert* 12,2.
Sigelint, Wasserfrau
- *segelint* 37,1.
Sigestap, Mann Dietrîchs
- *segenstap* 765,1. 791,2. 837,3.
- *segestap* 804,2.
- *siegenstap* 790,1. 791,4.
Sigebant, Mann Dietrîchs
- *siegebant* 802,1.
Sigewîn, Mann Dietrîchs
- *sigewin* 800,3. 802,3.
Spanien
- *spangen* 224,3. 265,1. 860,3.
Thüringen
- *doring* 520,2.
- *doringen* 558,1.
Thüringer
- *doringer* 564,1.
Tirol (?)
- *tyrolt* 7,2.
Tronege, Herkunftsort Hagens, als Namenszusatz s. Hagen von Tronege
- *troye* 221,2. 225,2.[9]
Troneger, der
- *der troyer* 74,4.
Ungarn
- *vngerlant* 338,4. 343,4.
Ute, Mutter der Burgunderkönige und Kriemhilts
- *vde* 454,1. 593,1. 690,1.
- *vtte* 811,1.
Walther von Aquitanien
- *walther* 224,3. 224,4. 860,3.
Waschen, Irings Schwert
- *waschen* 541,4.
Werbel, Etzels Spielmann
- *werbel* 448,1
Wîchart, Mann Dietrîchs
- *weichart* 788,1.
- *wychart* 839,2.
Witege, erschlug Rüedegêrs Sohn Nuodonc
- *wytdich* 142,4.
Wolfbrant, Mann Dietrîchs
- *walbrant* 797,2. 797,4. 837,3.
- *wolbrand* 788,4.
Wolfhart, Neffe Hildebrants
- *wolffhart* 476,1. 767,1. 784,4. 789,2. 822,1.
- *wolffart* 180,1. 274,3. 746,1. 747,4. 753,1. 756,1. 772,1. 774,1. 776,1. 778,1. 780,2. 783,4. 806,1. 807,3. 810,1. 811,2. 813,1. 815,3. 837,1. 851,4.
Wolfwîn, Mann Dietrichs
- *von amelong ... der hertzoch wolffrin* 766,1.
- *wolffrin* 785,3. 796,4. 797,1.
Worms
- *worms* 206,3. 276,3. 534,3.
- *wormeß* 157,3.

[9] Vermutlich Kreuzung mit *Troya*.